Henry Thode

Die Antiken in den Stichen Marcanton's Agostino Veneziano's und Marco Dente's

Henry Thode

Die Antiken in den Stichen Marcanton's Agostino Veneziano's und Marco Dente's

ISBN/EAN: 9783743380769

Hergestellt in Europa, USA, Kanada, Australien, Japan

Cover: Foto ©ninafisch / pixelio.de

Manufactured and distributed by brebook publishing software (www.brebook.com)

Henry Thode

Die Antiken in den Stichen Marcanton's Agostino Veneziano's und Marco Dente's

DIE ANTIKEN

IN DEN STICHEN

MARCANTON'S,

AGOSTINO VENEZIANO'S UND MARCO DENTE'S

VON

HENRY THODE
DR. PHIL.

LEIPZIG
VERLAG VON E. A. SEEMANN
1881.

MEINEN

HOCHVEREHRTEN LEHRERN

MORIZ THAUSING

UND

OTTO BENNDORF

ZUGEEIGNET.

VORWORT

Die nachfolgenden Studien wollen und können nur als Bruchstück einer umfassenderen Arbeit, die bis jetzt noch aussteht, angesehen werden. Nur weil ich es für nöthig hielt, dass einmal der Anfang gemacht werde zu einer systematischen und exacten Behandlung der Frage, welchen Einfluss die antiken Denkmäler auf die Künstler der Renaissance gehabt haben, wagte ich es, diese Forschungen auf einem eng begränzten Gebiete zu veröffentlichen, wohl wissend, dass sie erst im grossen Zusammenhange ihre geschichtliche Bedeutung und ihren ganzen Werth erlangen können. Es liegt in meiner Absicht, der Frage noch weiter nachzugehen und auf diese Untersuchung Marcantons und seiner nächsten Schüler die Betrachtung der anderen Stecher des XV. und XVI. Jahrhunderts folgen zu lassen. Im Verlaufe der Arbeit dürfte sich dann die Aufstellung allgemeinerer, maassgebender Gesichtspunkte, wie sie das Bruchstück noch nicht gewähren konnte, ergeben. Doch sei es mir vergönnt, schon an dieser Stelle den Männern, deren Namen an der Spitze des Buches stehen, für die gütigste Theilnahme und die vielseitige Hülfe, die sie mir angedeihen liessen, meinen wärmsten Dank auszusprechen.

Dresden, November 1880.

HENRY THODE.

EINLEITUNG.

MAN kann wohl behaupten, dass die Kunstgeschichte den Nachweis, in wie weit und in welcher Weise die Antike auf die Kunst des Quattrocento und Quintocento gewirkt hat, zu führen noch schuldig ist. So viel man von dem Einflusse des Alterthumes gesprochen hat, so verhältnissmässig selten ist derselbe doch im Einzelnen bestimmt und zusammenhängend verfolgt worden. Archäologie und neuere Kunstgeschichte müssten sich freilich zu diesem Zwecke die Hand reichen und gemeinsam vorgehen; auch für die erstere, die auf diesem Gebiete wenig vorgearbeitet und den Antikenbestand in Italien zur Zeit der Renaissance noch nicht hinlänglich erforscht hat, wird eine genaue Prüfung der Zeichnungen und Kupferstiche sowohl, wie der Gemälde nutzbare Resultate ergeben. Das verrathen bereits die einleitenden, fruchtbar anregenden Arbeiten von Otto Jahn und Matz über die Zeichnungen des Pighius in Berlin und Coburg.

Befassen sich die Stiche des XV. Jahrhunderts mit wenigen Ausnahmen noch nicht mit einer getreuen Wiedergabe antiker Werke, wenn sie auch häufig die Benutzung solcher zeigen und manchen interessanten Aufschluss über die Art und Weise der Entlehnung und Ummodelung geben, so wird das mit dem Auftreten Marcantonio Raimondis aus Bologna anders. Geübt in der Führung des Grabstichels durch das Copiren der Dürer'schen Meisterwerke und die Nachahmung der deutschen Stechweise und so für grössere Aufgaben vorbereitet, kam derselbe nach Rom, dem Centrum künstlerischer Thätigkeit und antiquarischer Gelehrsamkeit, der Stadt, in der sich ein unermesslicher Reichthum von antiken Monumenten aller Art vorfand. Eine Reihe von Jahren war es ihm hier vergönnt, an der Seite Raphaels zu arbeiten, der nicht allein eigene Compositionen, sondern auch Zeichnungen nach Antiken von ihm stechen liess, wie uns Vasari in seiner anziehenden Schilderung dieser gemeinschaftlichen Thätigkeit, die für die spätere Entwicklung und veränderte Richtung des Kupferstichs so bedeutungsvoll wurde, berichtet.

Eine kritische Behandlung der Werke von Marcantonio und seinen beiden Schülern Agostino Veneziano und Marco Dente, die wie er selbst aus dem Norden

Italiens stammend, der eine aus Venedig, der andere aus Ravenna, sich eng an seine Manier anschlossen, steht noch aus. Von einer selbstschaffenden Thätigkeit des Bolognesers wissen wir so gut wie Nichts. Man pflegt unvollkommene Jugendarbeiten als Werke seiner eigenen Erfindung hinzustellen und bei den späteren vorzüglicheren Blättern auf Vorlagen Raphaels oder anderer Künstler hinzuweisen, die sich auch in vielen Fällen mit Bestimmtheit erkennen lassen.

Sollen wir nun auch bei der Wiedergabe antiker Denkmäler stets die Vermittlung des Urbinaten annehmen oder ist Marcanton hier selbstständig? Das ist eine schwer zu entscheidende Frage. Wir wissen von Raphaels lebhaftem Interesse für die Antike, von seinem Eifer bei der Erforschung und dem Studium der alten Bauten, deren Beaufsichtigung ihm ein Breve Leo's X. übertrug, und dass er mit den Antikenschätzen der Stadt wohl vertraut war, zeigen die häufigen Reminiscenzen an dieselben in seinen Werken. Ohne je seine innere Freiheit aufs Spiel zu setzen, verstand er es sein Leben lang, das Fremde zu seinem Eigenthume zu machen. Alterthum, wie Mittelalter, die ganze Vergangenheit schien nur für ihn gearbeitet zu haben und trat von seiner schaffenden Kraft vereinigt, von vollkommenster Harmonie und Schönheit verklärt als neues Ideal in seinen Schöpfungen vor die entzückten Blicke seiner Zeitgenossen.

Eine andere Frage aber, die damit noch nicht beantwortet wird, ist es, ob er selbst, und in welcher Ausdehnung getreue Copien alter Werke verfertigt hat, und ob überhaupt oder für welche Stiche, die solche reproduciren, seine Autorschaft anzunehmen ist. Um ein Urtheil darüber gewinnen zu können, muss zunächst einmal der Nachweis geführt werden, welche Antiken von Marcanton und seinen Schülern copirt worden sind. Vielleicht wird die Art und Weise der Wiedergabe einen Anhalt für die Entscheidung geben. Wenn ich im Folgenden die Reproduction antiker Denkmäler in den Stecherwerken Marcantons, Agostino Venezianos, Marco Dentes und der sich daran schliessenden unbekannten Meister der Schule nachzuweisen versuche, so kann dieser Versuch auf Vollständigkeit keinen Anspruch machen. Nicht für alle erwähnten Blätter gelang es die Vorlagen nachzuweisen, und manche Antike mag noch in Compositionen, die durchaus den Stempel modernen Geistes tragen, als Grundlage enthalten sein.

Der Vorarbeiten gab es nicht viele. Die vereinzelten Angaben von Bartsch (le Peintregraveur XIV. Bd.) und Passavant (le peintre-graveur VI. Bd.), welche in die Biographien Raphaels übergingen, wurden in der Folge von Otto Jahn (durch seine interessante Zurückführung des Parisurtheiles auf das Relief der Villa Medici), Gruyer (Raphael et l'antiquité, Paris 1864), und A. Springer in seinem Aufsatze: die Anfänge der Renaissance in Italien (Bilder aus der neueren Kunstgeschichte) und im Leben Raphaels und Michelangelo's ergänzt und erweitert. Einiges Neue fügte Pulszky hinzu[*] in seinen Beiträgen zu Raphaels Studium der Antike (Leipzig 1877).

---

[*] Soeben erhalten wir neue, interessante Aufschlüsse über Raphael's Thätigkeit «als Archäologe» durch E. Müntz: Raphael, sa vie, son œuvre et son temps, Paris Lib. Hachette 1881 (S. 587 ff.).

Für die Feststellung der benutzten Antiken und ihres Aufbewahrungsortes im XVI. Jahrhundert habe ich Aldovrandi: statue antiche in der Ausgabe von 1556 zu Hülfe gezogen. Ferner kamen in Betracht die Kupferstichwerke des Vaccarius: antiquarum statuarum urbis icones vom Jahre 1584, J. B. de Cavalleriis antiquarum statuarum urbis Romae libri IV, 1594, der Berliner Codex mit Zeichnungen des Pighius (nach Otto Jahns Aufsatz: Ueber die Zeichnungen antiker Monumente im codex Pighianus. Ber. der sächs. Ges. d. Wiss. 1868 S. 161 ff.) und der Codex des Pighius in Coburg (nach Matz: Ergänzungen aus dem Codex Coburgensis in den Berliner Monatsber. 1871. p. 445). Lafreri's speculum Romanae magnificentiae lag mir in der Wiener k. k. Hofbibliothek in einer Ausgabe von 149 Stichen nach dem Jahre 1590 vor. Neben diesen Werken des XVI. Jahrhunderts waren dann aus dem XVII. zu vergleichen:

Boissard: antiquitates Romanae (in der Ausgabe von 1627), dessen Stiche weniger von
    Interesse waren, als seine sich stark an Aldovrandi anlehnende topographia
    urbis Romae, im I. Bande).

Jan Episcopius: signorum veterum icones (gegen 1630).

J. J. de Rubeis: Insigniores statuarum urbis Romae icones, 1668.

Bellori: Icones et segmenta illustrium tabularum 1645 und desselben
    Veteres Arcus Augustorum 1690.

Bartoli: Admiranda urbis 1693, von denen

Perrier's Icones et segmenta illustrium e marmore tabularum 1645 und

Sandrarts Admiranda (1680) abhängig sind. Schliesslich

Sandrarts Teutsche Akademie 1675—79 und das nach seinen Zeichnungen ausgeführte Werk der Gallerie Giustiniani 1635. Des Joh. Ulr. Kraus: signorum veterum icones vom Jahre 1660 sowie des Hieronymi Franzini Bibliopolae icones statuarum antiquarum urbis Romae vom Jahre 1589 und desselben antiquitates romanae urbis Romae 1596 konnte ich nicht vergleichen. Die archäologische Literatur und die Publikationen der späteren Zeit werden, soweit ich sie verfolgen konnte, an Ort und Stelle berührt werden. Die oben erwähnten Werke hielt ich für nützlich, überall wo es thunlich war, zu citiren, um so die Uebersicht der ältesten Publikationen möglichst vollständig zu machen. Aus demselben Grunde erwähnte ich die Darstellungen gleicher Antiken in späteren Stichen, die nicht in Buchform erschienen sind.

Der Einfluss Marcantons erstreckt sich, auch was die Reproduction der Antike betrifft, bis gegen das Ende des XVI. Jahrhunderts hinaus. Die Werke Enea Vico's, N. Beatricetto's, Giulio Bonasone's, des Meisters mit dem Würfel und der Schule von Fontainebleau insbesondere versprechen eine reiche Ausbeute für den Archäologen. Später erklärt es die veränderte Zeit und Richtung, die sich wieder hauptsächlich den religiösen Stoffen, dann dem Genre zuwendet, dass die antiken Vorbilder ihren Zauber verlieren. Erst in der philologisch-historischen Betrachtung des XVIII. und XIX. Jahrhunderts tritt der Kupferstich wieder in enge Beziehung zu der Antike.

Was die Eintheilung des Stoffes anbetrifft, hielt ich es für angebracht, zwei Kategorien zu unterscheiden, deren eine alle die Stiche, welche Antiken mit Absicht auf Treue wiedergeben umfasst, die andere diejenigen, welche antike Werke bewusst umbilden oder benutzen. Spielt in der ersten das archäologische Interesse die Hauptrolle und nimmt der Copist eine untergeordnete Stellung ein, so tritt in der zweiten der schaffende Künstler der Renaissance in den Vordergrund der Betrachtung. Für keinen der Stiche der ersten Abtheilung können wir mit Bestimmtheit den Zeichner nennen, die der zweiten geben theils bekannte Werke verschiedener Meister, unter denen Raphael und Giulio Romano besonders hervorragen, wieder, theils lässt sich ihre Erfindung mit mehr oder weniger Wahrscheinlichkeit diesem oder jenem Künstler zuweisen. Innerhalb dieses Rahmens habe ich der Uebersichtlichkeit wegen die einzelnen Stecher besonders behandelt und nicht die antiken Monumente als Eintheilungsgrund genommen. Eine tabellarische, zum Schluss gegebene Zusammenstellung nach dem letzteren Gesichtspunkt soll die archäologische Benutzung erleichtern. Die beifolgenden Tafeln, die theils heliographisch, theils nach Zeichnungen Josef Schönbrunner's angefertigt sind, mögen als Beispiele für die Art und Weise, in welcher Marcanton und seine Schüler Antiken reproducirten, dienen.

I.

Stiche, welche antike Werke mit Absicht auf Treue wiedergeben.

1. Marcantonio Raimondi.

a. Statuen.

1. *Der Apollo von Belvedere.* — P. 162. B. 331., T.1 II.

bezeichnet: sie Romae ex marmore sculpto. — Schnlcopie: P. Schule 64. B. 330. Er wird nach rechts gewandt so gesehen, dass sein Kopf genau im Profil erscheint. Es fehlen die linke Hand, das Glied und die Finger der rechten Hand, deren innere Fläche nach unten, nicht nach vorne gekehrt ist. Unter dem linken Fusse, der hinten mehr gehoben ist, fehlt die Stütze. Das Gewand ist nicht ganz genau wiedergegeben, sonst aber die Abbildung getreu.

Wir wissen, dass der Apollo am Ende des XV. Jahrhunderts bei Antium (Porto d'Anzo) im Ganzen wohl erhalten gefunden, von Julius II. gekauft und anfangs in seiner damaligen Wohnung, dem Palazzo Colonna, später im Belvedere aufgestellt wurde. Genaue Untersuchungen haben ergeben, dass der Stamm dreimal gebrochen und dessen oberster Theil, den unser Stich auch nicht wiedergibt, ebenso wie einige unbedeutende Stücke an den mehrfach gebrochenen Unterschenkeln modern sind. Giovanni Montorsoli ergänzte die linke Hand mit dem Rumpfe eines Bogens. Dieselbe Ergänzung dachte sich auch Nicoletto da Modena, dessen Stich B. 50 wohl die erste Reproduction der Statue sein dürfte. Er ist mit Dio Appollo bezeichnet und von so schwacher Zeichnung und Ausführung, dass man — wohl mit Unrecht — an der Autorschaft Nicolettos gezweifelt hat. Die Haltung des Gottes ist im Allgemeinen ähnlich wiedergegeben, doch befindet sich der Stamm mit der Schlange hinter dem linken Beine. Das Gewand zeigt grosse, eckige Falten und die linke Hand trägt als freie Zuthat einen vollständigen Bogen.

Vor der Restauration zeigen die Statue zwei Stiche Agostino Venezianos (B. 328. P. 53 und B. 329. P. 54), das eine Mal halb von rechts gesehen, das andere Mal im Gegensinne vor einer Nische, und ein in Lafreri's speculum enthaltenes Blatt vom Jahre 1552, das wohl von Marcantons Stiche abhängig ist. Spätere Abbildungen finden sich bei Vaccarius a. a. O. I, 11 und II, 54), de Cavalleriis (a. a. O. I, 4), Jan Episcopius (a. a. O. 4 und 5) und bei Sandrart (Akademie I Sculptur Taf. m), der im Texte mittheilt (S. 35), „dass für gewiss gesaget wird, dass dieses Bild eben dasjenige sei, das im Tempel des Oraculi zu Delphos gestanden und der ganzen Welt geweissaget, aber zur Zeit der Geburt Christi verstummet, und mag es Kaiser Augustus, als er wie bekannt das Orakel umsonst gefraget, nach Rom haben bringen lassen."

Die früheste Benutzung des Apollo findet sich auf einer Zeichnung Dürers im British Museum.[*] (Publ.: Gaz. d. Beaux Arts II. Per. 16. 1877, 2 p. 537). Der Gott, neben dem rechts die sitzende Diana sichtbar wird, entspricht in der Stellung der Beine, wie in der Haltung der Arme genau der Statue. Doch hält er in der Linken die Sonnenscheibe, in der Rechten einen Stab. Sein ganz im Profil gesehener Kopf ist von Locken reich umwallt. Da wir weder von einem Aufenthalt Dürers in Rom, noch von einer Replik, welche ihm hätte zugänglich werden können, etwas wissen, werden wir anzunehmen haben, dass er eine Zeichnung der Statue, vielleicht bei seinem ersten Aufenthalte in Venedig verwerthete. Von grösstem Interesse wird die Thatsache, wenn wir bedenken, dass die Londoner Zeichnung später von Dürer für den Adam seines berühmten Kupferstiches vom Jahre 1504 benutzt wurde, in dem er zum ersten Male seine Proportionsstudien zusammenfasste und sein Ideal eines männlichen Körpers aufstellte. (Vergl. Thausing: Dürer S. 231 ff. Wickhoff: Dürers Studium nach der Antike. Mittheil. des Inst. f. österr. Geschichtsf. I, S. 422.) Welch' überraschende Erscheinung, dass gerade das Werk, mit dem der deutsche Meister, wie Thausing sagt „zuerst mit aller Zuversicht seines Selbstbewusstseins vor die Welt trat als unbestritten erster Meister der Kunst", in dem er triumphirend seine Selbstständigkeit mit der Inschrift: Albertus Dürer Noricus faciebat besiegelte, indirekt von der Antike abhängig ist und zwar von der Sculptur, die für das grosse Publikum noch heute der Inbegriff der Antike ist — der Dürer'sche Adam nichts weiter als eine Umwandlung des Apollo von Belvedere!

Ein anderer nordischer Künstler, in dessen Werken wir wiederholt Reminiscenzen an antike Monumente finden, Rubens verwandte hundert Jahre später die Statue, die er vermuthlich auf seiner italienischen Reise gesehen, bewundert und höchst wahrscheinlich auch gezeichnet hatte, auf einem der für Maria von Medici gemalten allegorischen Bilder, welches die Regierung derselben verherrlicht. (Jetzt im Louvre N. 445 publ.: Landon t III, pl. 55 und 56). Apollo vollständig in der Stellung des Vatikanischen, mit rother Chlamys, in der Linken den Bogen vertreibt mit Hülfe von Athena und Mars die Zwietracht, den Neid, den Hass und den Betrug, welche die öffentliche Sicherheit und das Glück des Landes bedrohen.

2. *Apollo*. — P. 163. B. 332.

Er steht den rechten Arm über den Kopf gelegt, mit dem linken ein musikalisches Instrument auf einem Pfeiler haltend, mit langen Locken und nacktem Oberkörper en face vor einem mit Eisengittern verschlossenen Fenster. — Der mangelhafte Stich, der offenbar zu seinen ersten Arbeiten in Rom gehört, wurde in späterer Zeit noch einmal von Marcanton in grösserem Format und in vollendeterer Weise wiederholt. (P. 164. B. 333.) Pulszky erkannte als Vorbild die Basaltstatue im farnesischen Palast, die einem Apollo in Neapel sehr nahe stehe. Es kann kein Zweifel sein, dass beide ein und dasselbe Werk sind, obgleich der Stich etwas von der Abbildung bei Clarac (mus. de sculp. 480, 921 B) abweicht, auf welcher der linke Arm mehr gekrümmt ist und das Instrument die gewundene Lyraform hat, während es bei Marcanton kastenförmig und eckig erscheint. Auch fehlt bei letzterem der sogenannte Krobylos und die rechte Hand ist nicht so gesenkt. Alles Sonstige, auch der Pfeiler stimmt genau überein. Dass die Statue dieselbe ist, die Aldovrandi als Hermaphroditen im Besitze des Farnese erwähnt (statue S. 155) und die in der casa des Fabio Sasso gefunden von Vasari als Beispiel eines Werkes „di pietra nera detta paragone" in seiner Einleitung angeführt wird (Ausg. Lemonnier I, S 104), geht aus den gleichbezeichneten, durchaus mit Marcanton übereinstimmenden Abbildungen bei Vaccarius (I, 64 und II, 25), de Cavalleriis (I, 37) und Lafreri hervor. Auch de Rubeis (I, 37) wiederholt sie.

Zwei Umstände haben offenbar zusammengewirkt, das Augenmerk ganz besonders auf diesen Apollo zu lenken, erstens, dass man in ihm einen Hermaphroditen sah (vergl. Aldovrandi a. a. O. und Boissard: Top. Romae S. 19), zweitens dass das zu ihm verwendete Material, das man als Basalt oder Lydischen Stein erkannte, auffiel. Für einen Hermaphroditen, nicht für einen Apollo

---

[*] Ich verdanke diesen Hinweis der Güte des Herrn Max Lehrs in Breslau.

wird ihn also auch Marcanton angesehen haben. Ich möchte dabei in Erinnerung bringen, dass auch Sandrart (a. a. O. I. Sculp. S. 34.) noch vom Apollo von Belvedere sagt, „er bilde die höchste Vollkommenheit eines schönen Hermaphroditen", was uns hier mehr überraschen muss, als bei dem weichlicher aufgefassten farnesischen.

Kann nun kein Zweifel sein, dass die aus der Sammlung Farnese stammende Neapeler Basaltstatue (Gerhard u. Panofka: Neapels Ant. Bildw. S. 73 N. 222) von Marcanton gestochen wurde, so bleibt für die Erklärung der Verschiedenheiten kein andrer Ausweg übrig, als die Annahme einer zweimaligen Restauration.

3. *Die Reiterstatue des Marc Aurel.* — P. 270. B. 514.

Bezeichnet Romae ad S. Jo. Lat. Sie steht auf einer reich gegliederten Basis vor einer zerstörten Mauer, hinter welcher man eine Landschaft mit Bergen und einem Aquäduct sieht. Abweichend von Clarac's Abbildung (mus. de scul. 952, 2452) hat der Sattel als Verzierung lockere Quasten und ist der Schwanz des Pferdes gebunden. Aus Flaminio Vaccas Ausgrabungsbericht bei Fea: Miscellanea phil. I, S. LXII, N. 18 und des Andreas Fulvius: de Urbis antiquitatibus (Ausg. v. J. 1547. S. 301) wissen wir, dass die Statue in einem Weinberge gegenüber den sette sale aufgefunden und von Sixtus IV. auf dem Lateransplatze auf einer schönen Basis aufgestellt wurde. Auf diesem Standorte wurde sie von Marcanton, vermuthlich früher aber noch von B. Peruzzi (Skizzenbuch in Siena. Abgeb. Dohme: Kunst und Künstler III. Peruzzi S. 9), von Lionardo (Zeichnung in Windsor), Nicoletto da Modena (B. 64) und Marcello Fogolino (Pass. V, S. 146, 4) gezeichnet.

Der Stich des Nicoletto mit der Inschrift: questo el cavallo questa asato Janni i Roma (questo è il cavallo che sta a Sto Giovanni in Roma) zeigt die Statue in einer Art Zimmer oder Hof, aus welchem man durch ein in der hinteren Mauer befindliches Fenster den Ausblick auf eine Landschaft hat. Der Sattel ist etwas abweichend, der Schwanz des Pferdes gebunden und die Basis ähnlich derjenigen auf dem Blatte Raimondis. Nun bringt E. Müntz les arts à la cour des papes II, S. 92 f. die Urkunden für eine unter Paul II. in den Jahren 1466–1468 (nach Zahn: bull. dell' inst. 1867 p. 190 auch noch 1473) unter der Leitung des berühmten Medailleurs Cristoforo Geremia di Mantua vollzogenen Restauration des Marc Aurel. Wiederholt wird in denselben von der Errichtung einer domuncula oder domus lignea pro resarciendo equo ereo gesprochen. Sollten wir vielleicht dieselbe auf dem Stiche Nicolettos zu erkennen haben und dessen Zeichnung also auf jene Jahre zurückgehen? Der Stich Fogolinos, den ich nicht aus eigener Anschauung kenne, zeigt nach Passavant hinter dem Piedestale eine Mauer und darüber sich erhebend die Ruinen eines Circus, sowie andere Bauten im Hintergrunde.

Erhalten wir auf den erwähnten Blättern eine Vorstellung von dem „nobil piedestallo" mit dem Wappen Sixtus IV., so zeigen alle folgenden die Statue auf der Basis, die Paul III. von Michelangelo mit Benutzung eines Stückes vom Friese und Architrave des Trajansbogens, wie Vacca erzählt, fertigen liess, als er 1538 den Marc Aurel auf das Capitol versetzte. Es sind zu erwähnen die Abbildungen bei Vaccarius (I, 47 u. II, 6), de Cavalleriis (I, 68 und im Speculum, wo er einmal auf der Gesammtansicht des Capitols in der Mitte des Platzes, das andere Mal besonders wiedergegeben ist, ferner spätere Stiche bei de Rubeis (I, 68), Perrier (100 statue 1 u. 2), Sandrart (T. Ak. II, Taf. a) und bei Maffei (raccolta zu S. 14.)

4. *Die Caryatidenfaçade.* — P. 279. B. 538.

Vier bärtige Männer in asiatischer Tracht tragen das dorische Gebälk des unteren Stockwerkes, vier in langen gegurteten Chiton gekleidete Frauen mit steif herabfallenden Zöpfen das jonische des oberen Stockwerkes, in dessen Mitte sich ein grosser Frauenkopf als Träger eines jonischen Kapitäles befindet. Die Richtigkeit der Angabe Passavants, dass dies Fragment eines Bauwerkes sich in der Villa Mattei in Rom befinde, kann ich nicht bestätigen, da ich weder eine andere Abbildung noch eine Erwähnung des Monumentes in der Beschreibung Roms gefunden habe. Es zeigt eine unglückliche, praktische Verwerthung des geistreichen Vergleiches, der schon im Alterthume zwischen dem dorischen Stile und dem männlichen Charakter, zwischen dem jonischen und dem weiblichen Element gezogen wurde.

b. Reliefs.

5. *Apollo, Minerva und acht Musen.* — P. 146—150. 152. 153. 154. 160. 161. B. 263—267. 269. 270. 271. 277. 278.

Diese Suite von 10 Blättern wurde von Bartsch und Passavant mit 6 anderen Stichen zusammengestellt, welche mit verschiedenartigen Attributen ausgestattete weibliche Figuren darstellen und bis jetzt keine rechte Erklärung zuliessen (s. die unter 6. besprochenen Stiche). Man schrieb die Composition und Zeichnung Raphael zu. Durch die Zurückführung sämmtlicher Gestalten auf zwei antike Sarkophagreliefs wird man genöthigt, zwei Suiten zu sondern, wie dies auch der Stecher schon durch die zweifache, einmal Peltaförmige, das andere Mal dreieckige Gestalt der zu beiden Seiten der Nischen oben angebrachten, weissen Schilde angedeutet hat.

Die in einzelne Nischen gestellten Figuren der I. Suite sind dem Musensarkophage der Gallerie Giustiniani II, 140, danach abgeb. bei Montfaucon: ant. expl. I, LX. 2) entnommen, welcher sich jetzt im unteren Belvedere zu Wien befindet und der guten Arbeit nach etwa in das zweite Jahrhundert zu setzen ist. (h 0. 64. l. 2, 25. Weisser Marmor. Vergl.: Sacken und Kenner: die Sammlungen des k. k. Münz- und Antiken-Cabinetes S. 42, N. 168. — Otto Jahn: Arch. Anz. 1854. S. 454. — Wieseler: annali d. inst. 1861. S. 123, Note.) Er zeigt in der Mitte Athena, links von ihr fünf, rechts vier Musen und Apollo. Marcanton hat alle diese Figuren bis auf eine einzige reproducirt, aber nicht alle Stiche ganz vollendet, so dass wir annehmen müssen, er habe die Arbeit aus irgend einem Grunde aufgegeben. Eines der Blätter, P. 161 B. 278, eine Seltenheit, habe ich nicht zu Gesicht bekommen und kann es daher, da die Beschreibung desselben bei Bartsch zur Bestimmung nicht ausreicht, nicht mit in Berücksichtigung ziehen. Unsere Tafel zeigt oben die Sandrart'sche Publikation, darunter Raimondis Figuren.

Marcanton oder der Künstler, der ihm die Zeichnungen besorgte, hatte offenbar den Sarkophag in noch unrestaurirtem Zustande vor sich und ersetzte das Fehlende nach eigenem Ermessen, so dass seine Figuren, namentlich was die Haltung der Köpfe und Arme betrifft, vielfach von dem Relief, wie wir es jetzt sehen, abweichen. Aber auch Sandrart scheint dasselbe vor der Ergänzung gezeichnet zu haben, da seine Darstellungen der Muse V (vergl. die Tafel), der Athena und der Maske bei VIII von der restaurirten Sculptur abweichen und sonst ganz unverständlich wären. Eine eingehende Besprechung der einzelnen Figuren soll auf die Verschiedenheiten zwischen dem Relief und den Publikationen von Marcanton und Sandrart aufmerksam machen.

I. Muse. — P. 148. B. 265.

Ergänzt sind an dem Sarkophage: die Nase, der rechte Arm und Hand, mit Ausnahme eines unbedeutenden Stückchens des rechten Unterarmes, sowie das Mittelstück des linken Fusses. Der viereckige Pfeiler ist abweichend von Sandrart's Zeichnung, der I und II viel zu nahe an einander gestellt hat, unten sowie oben rechts neben der linken Hand sichtbar und so von Marcanton reproducirt worden.* Letzterer ergänzte den rechten Arm, den er sich von einem engen Aermel bekleidet dachte, etwas anders, indem er die Muse das Kinn auf den Daumen und Zeigefinger der rechten Hand stutzen lässt. Eine Federzeichnung nach Raimondi's Stich, wahrscheinlich von Baldassare Peruzzi, befindet sich in Windsor castle (Rueland: Catalog S. 132. XVII).

II. Muse. — P. 153. B. 270.

Ergänzt auf dem Relief: Kopf, Hals und ein Stuck von dem nach der linken Schulter gehenden Obergewande. Der linke Unterarm ist ganz sichtbar; die linke Hand ruht am linken Oberschenkel und hält ein Attribut (Syrinx?). Marcanton wusste dasselbe offenbar nicht zu deuten, scheint aber an eine offene Rolle gedacht zu haben.** Die rechte Hand legte er höher an die Brust und gab den Kopf en face. Der rechts herabhängende Zipfel des Gewandes, den Sandrart

---
* Er ist aus Versehen auf unserer Abbildung weggeblieben.
** Auf unsrer Tafel ist dieselbe leider in Folge der gedrängten Zusammenstellung nicht sichtbar.

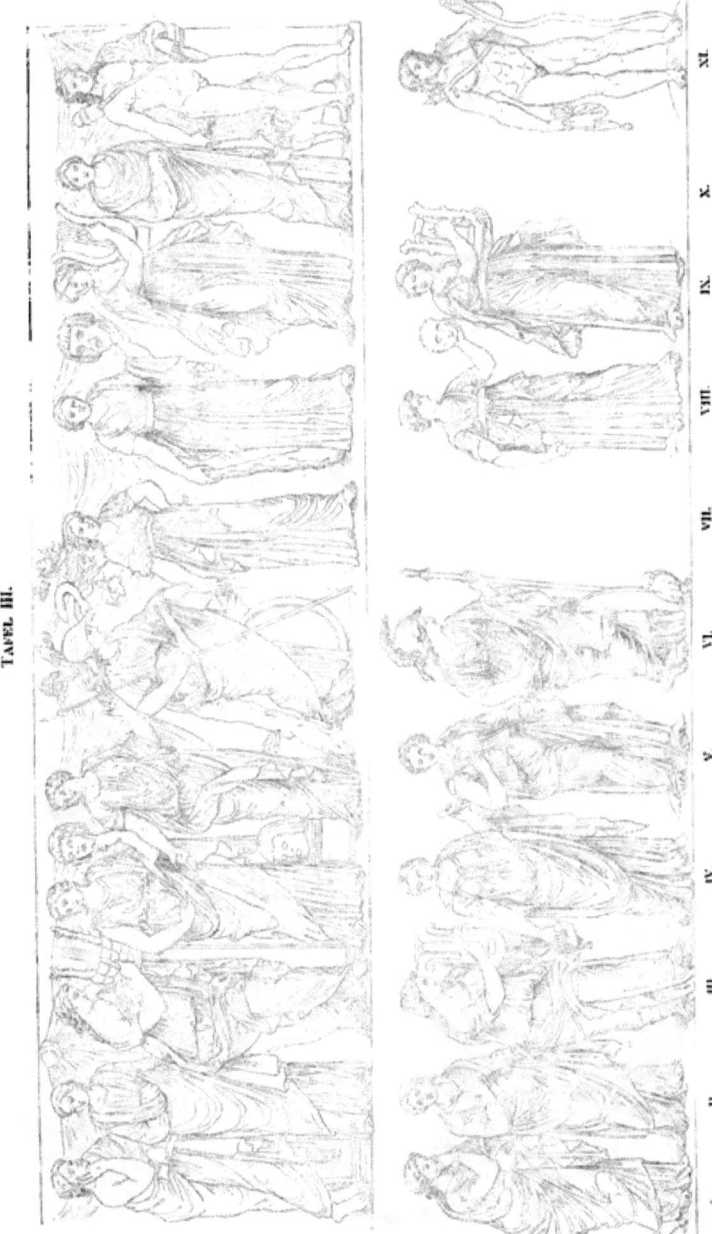

Tafel III.

nicht beachtet, ist auf dem Sarkophage vorhanden, dagegen der Kragen des Obergewandes am Halse Renaissancephantasie.

III. Muse. — P. 160. B. 277.

Ergänzt am Originale: Nase, rechter Unterarm und Hand, sowie das Obertheil der Kithara. Ein Theil des Plektrums in der rechten Hand ist alt. Marcanton, der den Stich nicht ganz vollendete, scheint sich über das auf der Sculptur nur im Umriss angegebene Kopfhaar nicht ganz klar gewesen zu sein und lässt es in Zweifel, ob er eine Haube oder bloss ein Band in demselben andeuten will, während Sandrart aus eigener Phantasie in den Nacken herabwallende Locken angiebt. Auf dem älteren Stiche ist der Arm in mehr gestreckter Haltung ergänzt, das Plektron fehlt in der Hand, der Kitharakasten ist unten richtiger, als bei Sandrart, ohne das Schildkrotornament, oben abweichend behandelt und der linke Fuss, der auf dem Relief bloss auf einer Erhöhung steht, auf einen Stein gestützt. Der Pfeiler ist weggelassen. — Eine Zeichnung nach dem Stiche erwähnt Rueland (a. a. O.), eine Verwendung desselben zeigt ein Stich Fantuzzis, als Schmuck einer Umrahmung zu der Entsendung der drei Gottinnen aus dem Olymp zum Parisurtheile (B. XVI, S. 345. N. 21).

IV. Muse. — P. 149. B. 266.

Ergänzt auf dem Originale: ein Theil des Gesichtes, die linke Hand, die jetzt ein kurzes, stabartiges, oben abgebrochenes Attribut hat, und der rechte Unterarm, der jetzt über den Leib bis zur linken Brust geführt ist. Der rechte Oberarm ist augenscheinlich nackt, konnte aber leicht, wie Marcanton es gethan, auf Aermel versehen werden. Letzterer liess den auf der Sculptur schlanker als bei Sandrart gebildeten Pfeiler mit der Maske weg, gab den Kopf en face, der linken Hand eine geschlossene Rolle und der nach unten gestreckten rechten eine geöffnete.

V. Muse. — P. 154. B. 271.

Ergänzt am Originale: Kopf, Hals, rechte Schulter, ein Theil des rechten Oberarmes, der rechte Unterarm, der jetzt abweichend von Sandrart's Abbildung quer über die Brust gelegt ist und in der rechten Hand ein cylindrisches, oben abgebrochenes Attribut hält, ferner die rechte Brust, Hüfte und der rechte Oberschenkel. Marcanton giebt den Kopf en face, den linken Arm mit Rolle in der Hand gesenkt und zeigt entsprechend der Sculptur den von Sandrart nicht angegebenen linken Fuss.

VI. Athena. — P. 147. B. 264.

Ergänzt auf dem Relief: Nase, Kinn, Hals, rechter Unterarm mit Ausnahme der Hand, die an der Hüfte am Gewande liegt und nichts hielt, der linke Unterarm und Theile der Lanze. Der linke Ellenbogen ruht auf einem Pfeiler, der über dem Schilde sichtbar wird. Die Lanze lief liegend durch die linke Hand nach der linken Schulter hinauf. Marcanton hat dieselbe richtiger als Sandrart der linken Hand, aber in falscher Lage, die so bei der Athena auf einem anderen Musensarkophage (Müller Wieseler: Denkm. II, LIX, 750) vorkommt, zuertheilt. Die Eule, die Sandrart ganz weggelassen hat, ist auf dem Originale in mehr kauernder Stellung; den von jenem elend gezeichneten Baumstamm gab Raimondi nicht wieder.

VII. Muse. —

Ergänzt am Originale: Kopf und beide Unterarme. Die linke Hand war gesenkt; an dem linken Oberschenkel ist ein antikes Bohrloch sichtbar. Die rechte Hand scheint richtig ein jetzt ergänztes, stabartiges Attribut gehalten zu haben, dessen Ende in der Nähe der Falten erhalten ist. Diese Figur ist entweder gar nicht von Marcanton oder in dem seltenen Stiche P. 161. B. 278 reproducirt worden.

VIII. Muse. — P. 152. B. 269.

Ergänzt auf der Sculptur: rechter Hals, rechter Unterarm mit Keule, von der nur das untere Ende, das auf Felsen aufzuruhen scheint, antik ist, und der linke Unterarm mit dem ganzen

Vordertheil des Maskenkopfes, der nur in seinen hinteren Parthien antik ist, woraus sich die vollständig verfehlte Ergänzung der Maske bei Sandrart, sowie bei Marcanton erklärt. Auf dem unvollendeten Stiche des letzteren ist der Kopf im Profil nach rechts gewandt, und die gesenkte rechte Hand fasst das Untergewand.

IX. Muse. — P. 150. B. 267.

Ergänzt auf dem Originale: ein Theil des Gesichtes, ein Theil des Obergewandes an der rechten Schulter, fast der ganze rechte Arm bis auf die beinahe vollständig erhaltene rechte Hand und die untere linke Ecke der Kithara. Marcanton giebt die letztere und das an dem einen Ende pfeilförmig, an dem anderen eiförmig gebildete Plektron getreuer als Sandrart wieder und ergänzt den von diesem nicht angegebenen und noch jetzt auf der Sculptur fehlenden linken Arm in richtiger Weise. Den am Originale rechts unten am Boden befindlichen Altar in ganz flachem Relief haben beide Zeichner übersehen.

X. Muse. —

Ergänzt ist auf dem Relief bloss die Nase. Marcanton hat die Muse entweder gar nicht reproducirt oder man muss sie in P. 161. B. 278 suchen. Sandrart giebt sie getreu.

XI. *Apollo.* — P. 146. B. 263.

Ergänzt am Originale: der vordere Theil des Gesichtes mit dem Haare über der Stirne, der linke Vorderarm, beide Beine mit Ausnahme der Füsse und viele Theile am Greifen. Marcanton liess in seinem nicht vollendeten Stiche letzteren, sowie den Pfeiler ganz weg, gestaltete das Gesicht bärtig und gab dem nach oben gekrümmten linken Arme einen Bogen in die Hand.

Wie wir gesehen haben, ergänzten Marcanton und Sandrart Jeder das Relief selbstständig. Ein Vergleich, zu dem ihre beiden Interpretationen der Antike herausfordern, fällt entschieden zu Gunsten des ersteren aus, da er sowohl feiner und richtiger das Vorhandene reproducirte, als auch das Fehlende geschickter und in nicht über Weise ersetzte. Obgleich er die alte Reliefcomposition auflösend die ohne Zweifel in derselben verwertheten Statuen gewissermassen rehabilitirte und so den deutlichen Hinweis auf das Original, dem er die anmuthigen Gestalten zu verdanken hatte, verwischte, verrathen seine Stiche dennoch eine grössere Achtung vor der Antike und ein liebevolleres Eingehen auf dieselbe, als die um mehr als ein Jahrhundert spätere Publikation in der Gallerie Giustiniani, von der man bei weitem eher Treue und Zuverlässigkeit erwarten sollte. Möglich, dass schon in Raimondis Tagen, wie späterhin, die Erfindung der Blätter ihm oder gar Raphael auf Kosten der Antike zugeschrieben wurde, da sich der Sarkophag, wie aus dem Mangel jeglicher Erwähnung bei Aldovrandi und Boissard hervorgeht, keines grossen Rufes zu erfreuen schien — den Vorwurf des Plagiates verdient Marcanton desswegen doch nicht, als Kind einer Zeit, die auf dem Gebiete künstlerischer Ideen nicht so peinlich zwischen Mein und Dein unterschied, wie die jetzige. Im Gegentheile scheint mir die Art der Reproduction die Bewunderung des Künstlers für die Antike in noch hellerem Lichte zu zeigen: jede einzelne Figur des Reliefs erschien ihm so schön, dass er sie für würdig erachtete, getrennt von den anderen in einen besonderen Rahmen gebracht und als selbstständiges Kunstwerk behandelt zu werden. Im Allgemeinen zeichnet er sie weniger schlank, als sie auf dem Sarkophage sind, während Sandrart ihre Höhe etwas übertreibt. Die Pfeiler scheint Marcanton wiederholt (bei III, IV, VI, XI) mit Absicht weggelassen zu haben.

Taf. IV. **6.** *Sechs weibliche Figuren mit verschiedenen Attributen.* — P. 151. 155. 156. 157. 158. 159. — B. 268. 272. 273. 274. 275. 276.

(Copien giebt es von P. 155 B. 272 und P. 157 B. 274.) Sie sind dem Hochzeitssarkophag von S. Lorenzo fuori le mura, in welchem der 1256 verstorbene Cardinal Guglielmo di Lavagna, ein Neffe Innocenz' IV. beigesetzt wurde, entlehnt. Die Frontansicht abgeb. bei Bartoli: Admiranda 58. danach bei Sandrart: Ant. Rom., Perrier: Icones et segmenta Taf 18 und Montfaucon ant. expl. III, 2, pl. 130. 1. Auch bei Beger: contempl. genun. p. 28. — Der ganze Sarkophag wurde mangelhaft von Ficoroni: le vestigia etc. p. 115, Bottari: pitture e sculture sagre Tom II, p. 117

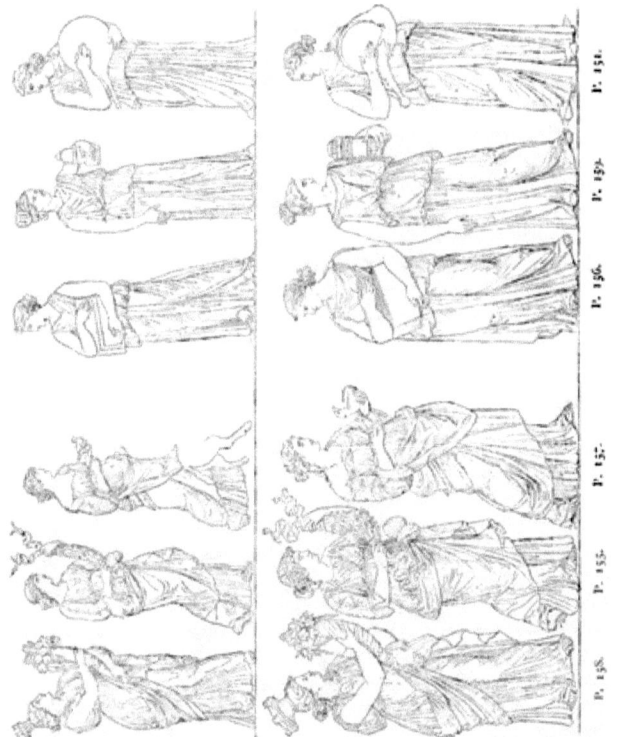

und Lumisden: Remarks of the antiq. of Rome Append. III, p. 430 publicirt. — Für die Literatur vergl. Rossbach: Röm. Hochzeits- und Ehedenkmäler 1871 S. 40 ff. — Auf unsrer Abbildung sind die Figuren der oberen Reihe Bartoli und Bottari entlehnt, die der unteren nach Marcanton. Das Relief der Vorderseite, welches rechts das Hochzeitschliessende Paar, in der Mitte ein Opfer und links einen heranschreitenden Zug von vier Figuren zeigt, lieferte die Vorlagen für unsere Stiche P. 155, 157, 158 (B. 272, 274, 275).

P. 157. B. 274, eine nach rechts schreitende, voll bekleidete Frau mit einer vogelförmigen Lampe in der Linken, die Rechte in sprechender Bewegung ausgestreckt, giebt die auf dem Relief den Zug anführende, von Rossbach Venus genannte Figur wieder. Auf den späteren Abbildungen erscheint statt der Lampe eine Taube. Die darauf folgende Frühlingshore, die nach rechts schreitend mit beiden Handen eine mit Bändern geschmückte Guirlande hält, reproducirt P. 155 (B. 272) getreu. Schliesslich zeigt P. 158 (B. 275) die auf dem Relief ganz links stehende Frau mit der Mauerkrone; sie hält in der Linken ein mit Früchten gefülltes Füllhorn und erhebt die Rechte in sprechender Bewegung, während sie dort das Horn mit derselben fasst. Sie wurde früher für Cybele, von Rossbach aber für eine Stadtgottheit als Tyche oder Fortuna gehalten.

Die drei anderen Stiche P. 151, 156, 159 (B. 268, 273, 276) geben getreu die Frauen auf der rechten Schmalseite des Sarkophages wieder, in denen Rossbach die drei Grazien erkennt, „welche die Braut geschmückt aus dem Thalamos zu der dextrarum junctio entlassen haben." Die erste links (nach Bottari a. a. O.) P. 156 (B. 273) hält einen halb geöffneten Kasten (κιβώτιον), in dem wohl die Geschmeide waren, die mittlere P. 159 (B. 276) eine Salbenbüchse mit rundlichem Deckel (πυξίς), die Marcanton etwas anders in ganz cylindrischer Form giebt; die dritte P. 151 (B. 268) einen Spiegel, den er nicht als solchen erkannt zu haben scheint, da er ihn dicker in Art eines Instrumentes zeichnet.

Auf eine genauere Vergleichung müssen wir wegen der Mangelhaftigkeit der Abbildungen des Sarkophages verzichten.

7. *Bacchische Scene.* P. 176. B. 248.

(Täuschende Copie im Gegensinne: P. 177. B. 249. — Die Nymphe bei der Priapsherme auf der Radirung, die Marcanton fälschlich zugeschrieben wird und nur spätere Copie aus dem Stiche ist B. 284.) Wie Passavant bereits bestimmt hat, nach dem Relief eines Sarkophages im Museum zu Neapel (Gerhard und Panofka: Neap. Ant. Bildw. I, 459. — Abgeb. Gerhard: Ant. Bildw. Tav. CXI, 1', der aus der Sammlung Farnese stammt (vergl. Aldovrandi: statue S. 163), und zu Marcantons Zeit, wie aus der Bezeichnung hervorgeht, bei San Marco sich befand. Die Abweichungen des zu den Meisterwerken Raimondis zählenden Stiches von dem Relief sind geringe. Es fehlen der Phallus der Herme links, die Angabe der Quadern bei dem Gebäude im Hintergrunde und die Gürtel bei den weiblichen Satyrgestalten. Dagegen zeigt der Stich Kränze um den Oberkörper des Silen und auf dem Kopfe des denselben links stützenden Jünglings (das links und rechts nach der Gerhard'schen Abbildung); der Kopf des kleinen Knaben ist halb en face und bei der rechts knieenden Satyressa ist deutlich das Schreien ausgedrückt. — Eine etwas spätere Reproduction des Reliefs giebt der von Marcanton abhängige Stich des Enea Vico B. 33.

8. *Zwei Faune tragen ein Kind in einem Korbe.* — P. 175. B. 230.

Wie Pulszky richtig bemerkt nach der einen Schmalseitendarstellung des eben erwähnten Sarkophages a. a. O. S. 22. Gerhard Ant. Bildw. CXI, 2), welche abgesehen davon, dass der Schurz des Faunes links nicht ganz so tief herabhängt, und dass das hinten aufgehängte Tuch nicht zwischen den Beinen desselben sichtbar wird, getreu reproducirt ist.

9. *Der alte und der junge Bacchant.* — P. 181. B. 294.

(Es sind vier Copien davon bekannt.) Passavant gab bereits an, dass das Blatt ein Relief in der Villa Albani und zwar ziemlich getreu copirt. (Zoega: bass. I, Tav. IV.) Links ist ein kahler Baum; das Schild und die beiden Thyrsusstäbe am Altare fehlen; die Masken sind ganz im Profil gehalten. Der Alte trägt in der rechten Hand einen Stab, der Junge in der linken eine pedumförmige Weinrebe. Statt des Stammes rechts befindet sich unten eine Tonne und ein dem Petasus ähnlicher Gegenstand.

10. *Die drei Grazien* — P. 188. B. 340.

bezeichnet: Sic Romae carites niveo ex marmore sculp.   Copie von Marco Dente P. 43. B. 341.
Copie von dessen Stich, die offenbar identisch ist mit dem im Speculum abgedruckten. Statuarisch aufgefasst kehren sie genau so als Schmuck eines triumphbogenartigen Baues auf dem Stiche Enea Vicos B. 417 wieder; nur die Pfeiler und die Palmbäume sind weggelassen. Die drei Grazien auf einem anderen Blatte desselben Meisters B. 20, welche Bartsch mit denen des Marcanton identificirt, gehen, wie die verschiedene Stellung, der Mangel an Kränzen und Früchten und die Gruppirung mit zwei Eroten beweisen, auf ein anderes Vorbild zurück, das man vielleicht in einem der beiden von Jahn (Entführung der Europa S. 34 ff mit b und d bezeichneten Exemplare zu suchen hat.

Es ist mir nicht gelungen, das Original von Marcantons Darstellung festzustellen, wenn ich es auch der Beschreibung nach am ersten in dem mit der Weihinschrift: Batinia Priscilla Nymphis sacrum versehenen Reliefe zu erkennen glaube, welches Aldovrandi im Besitze des Carlo da Fano erwähnt (a. a. O. S. 147). Freilich stimmt die Handhaltung der beiden ausseren in Gestalt der Grazien gegebenen Nymphen nicht. Die Hände ruhen nämlich auf den Wasserurnen, die neben ihnen auf Pfeilern liegen. Auch werden die Palmbäume nicht erwähnt.   Vergl. O. Jahn a. a. O. Mazocchi f. 105[b] (Smet 32. 7) in domo Lud. Apodacatharii Cyprii Card. Caputaquen. Jacoboni App. de prisca gente p. 30; in aedibus Justiniani Orfiti. Aldovrandi (a. a. O. S. 288) und Boissard (a. a. O. S. 38) erwähnen noch eine zweite Tafel mit den drei Grazien im Hause des St. Bufalo. — Von den sehr verwandten statuarischen Gruppen im Vatican (Clarac 632, 1427) und der von Sandrart als im Besitze des Giustiniani publicirten (T. A. I Sculpt. Tav. 9) müssen wir absehen, da das Nebenwerk abweicht. Ebenso hat die angeblich Raphael'sche Zeichnung in der Akademie zu Venedig (Passavant: R. d'Urb. II, S. 408 N. 10 franz. ausg., abgeb. Gaz des b. arts 1880 II Per. XXI, S. 353), welche zwei Grazien der Sieneser Gruppe wiedergiebt, Nichts mit unserm Stiche zu thun.

11. *Trajan von der Victoria bekränzt und Kampfscene.* — P. 196. B. 361.

Wie bereits Bartsch und Passavant bemerken, nach dem Relief des Constantinsbogen, das bei Bellori vet. arc. Aug. 112 und Perrier (le. et seg. 26) abgebildet ist. Links steht Trajan zwischen Roma und der ihn bekränzenden Victoria, rechts greifen zwei römische Reiter und zwei Fussgänger Asiaten an. Ich erwähne kurz die hauptsächlichsten Abweichungen. Trajan hält keine Kugel in der Rechten, und in der Linken statt des Stabes das Gewand. Der rechte Flügel der den Kranz höher haltenden Victoria ist nicht sichtbar. Die fünf Männer im Hintergrunde erscheinen in mehr parallel symmetrischer Haltung. Der vordere Reiter ist bärtig, trägt die Beine in Schienen und kein Schwert im Wehrgehenk. Das andere Pferd zeigt den Kopf mehr en face. Der zu Boden gefallene Asiat hat einen Schnurrbart, ebenso wie die beiden römischen Fusskämpfer. Der Schild des stehenden Asiaten hat zwei lyraförmige Ornamente, zwischen denen geflügelte Genienköpfe angebracht sind. Im Hintergrunde sieht man eine Mauer. — Ein anderes Relief vom Constantinsbogen werden wir bei Marco Dente P. 27. B. 206 finden, sechs Tafeln, welche die kleineren Darstellungen wiedergeben, bei G. Baptista del Franco (B. 48—53).

12. *Löwenjagd.* — P. 247. B. 422.

Bezeichnet: Que stabant vix hospitibus spectanda sepulchra quilibet arbitrio jam videt illa suo. Romae in impluvio S. Petri. Vasari sagt (vite IX, S. 277), dieser Stich sei nach einem sehr schönen aus Majano stammenden, im Hofe von St. Peter befindlichen Relief gefertigt. Pulszky identificirt dasselbe (a. a. O. S. 23) mit dem des Louvre, das früher in der Villa Borghese war. (Abgeb. Bouillon III, 31. Clarac: Mus. de sculp. II, 151, N. 186.) Entschieden steht dieses unserm Stiche näher, als irgend eine der anderen immer denselben Typus wiederholenden Darstellungen. Verglichen habe ich: Gallerie Giustiniani II, 136. — Mon. Matthejana III, XL. 1. Bartoli: admir. 24. — Mon. Matthej. III, XL, 2. — Montfaucon ant. expl. III, 2, Cl.XXXIII. (Rheims Caylus: recueil IV, CXIX. — Caylus: recueil IV, CIX, 1 in Barcelona. — Righetti: Mus. Cap. I, CXXXI. auf einer Urne. — Ein zweites im Capitol. Mus. befindliches Relief kenne ich nur aus der kurzen Erwähnung bei Platner (Beschr. Roms III, 1, S. 162). Gleichwohl verbieten es einige bedeutende Verschiedenheiten, den

Stich bestimmt auf das Pariser Relief zu beziehen, so lange dessen Provenienz aus dem Hofe von St. Peter nicht nachgewiesen ist. Zunächst erscheint die sogenannte Roma oder Virtus bei Marcanton en face, mit dem rechten Bein nach vorne ausschreitend, den rechten Arm, als hielte er eine Lanze, zurückgekrümmt und die Linke am Schwerdt, während die analoge Figur auf dem Relief nach rechts hinten gewandt ist. Diese Verschiedenheit durfte schwerer auf Rechnung einer späteren Restauration gesetzt werden, als die sonstigen geringeren Abweichungen: der das Pferd haltende Mann ist nicht gepanzert und ohne Speer, die Bekleidung des vorderen Reiters römisch, die am Boden liegende Gestalt ist weiblich und an Stelle der zwei Hasen, über welche im Relief zwei Löwinnen hinwegspringen, findet sich ein Hirsch. Der Mann ganz rechts erscheint bärtig und mit gesenktem rechten Arm. Von dem Relief des St. Peter erfahren wir bei Aldovrandi und Boissard Nichts. Ersterer führt Löwenjagden im Besitze des Savelli (a. a. O. S. 233), des M. Metello Varro Porcarius (S. 250) und im Garten des Farnese (S. 164) an, was Boissard wiederholt. Matz' Beschreibung zweier Zeichnungen im Codex Coburgensis (N. 229 und 230) lasst nicht zu, eine derselben auf unsern Stich zu beziehen.

c. Münzen.

13. *Die 12 römischen Kaiser.* — P. 258—269. B. 501—512.

Gleichseitige Copien von allen, ausser Caesar im British Museum. Eine Copie von Galba in der Albertina in Wien.) Vasari erzählt (vite Ausg. Lemonnier IX, 274), dass Raphael einige dieser Stiche an Dürer geschickt und dieser sie sehr gelobt habe. Sammtliche Köpfe sind nach alten römischen Medaillen gezeichnet, deren Legenden so genau copirt wurden, dass sich nach ihnen im Allgemeinen die Gattungen nachweisen lassen, die dem Stecher vorgelegen haben, da man mit einiger Berechtigung annehmen kann, dass ebenso wie die Inschriften die Köpfe in gleichem Sinne wiedergegeben sind. Für die Vergleichung ziehe ich Cohen: déscription historique des monnaies frappées sous l'Empire Romain zu Hulfe.

a. *Julius Caesar.* — P. 258. B. 501.
Kopf mit Lorbeerkranz nach rechts gewandt. Divo Julio. Cohen giebt keine Munze mit dieser Legende, dagegen zwei mit Divos Julius an. Die eine derselben (I, S. 16, N. 5) hat den gleichen Kopf.

b. *Augustus.* — P. 259. B. 502.
Jugendlicher Kopf nach rechts gewandt. Caesar divi F. Die Legende findet sich nur auf einer Silbermünze (I, S. 66, N. 230), auf welcher der Kopf aber bekränzt ist und auf der Rückseite der bei Caesar erwähnten Bronzemedaille (I, S. 16, N. 5). Vielleicht hat die letztere Marcanton fur beide Stiche als Vorlage gedient.

c. *Tiberius.* — P. 260. B. 503.
Jugendlicher nackter Kopf nach links gewandt. Ti Caesar Divi Aug. F. Augustus Imp. VIII. Es giebt mehrere Bronzemedaillen mit derselben Legende und demselben Kopf. (Cohen I, N. 30, abgeb. Visconti: l'Iconographie Romaine T. 22, 30, ferner N. 58, 59, 60, 61.)

d. *Claudius.* — P. 261. B. 504.
Jugendlicher nackter Kopf nach links gewandt. Ti Claudius Caesar Aug. PM Trib. P. Imp. Folgende vier Bronzemedaillen, auf denen aber statt des Trib bloss Tr zu lesen ist, können Marcanton vorgelegen haben: Cohen I, P. 163 ff., 72, 73, 79 (abgeb. Lenormant: Trés. de glypt. Icon. Rom. XIII, 8) und 87.

e. *Nero.* — P. 262. B. 505.
Nach rechts gewandter Kopf mit Lorbeerkranz und Paludamentum auf der linken Schulter. Nero Claud. Caesar Aug. Ger. PM. Tr. P. Imp. PP. Die Legende findet sich häufig auf Medaillen, die zugleich aber meist den Globus und die Aegis zeigen. Uebereinstimmend durften Cohen I, N. 98, 141, 228, 235, 243, 255 und 270 sein.

f. *Galba.* — P. 263. B. 506.
Nach rechts gewandter Kopf mit Lorbeerkranz. Ser. Galba Imp. Caes. Aug. Hierfür kommen Cohen I, S. 235 ff., N. 159, 229 und 236 in Betracht.

g. *Otho.* — P. 264. B. 507.
Nackter nach links gewandter Kopf. Imp. Otho Caesar Aug. Tr. P. Cohen giebt nur eine Bronzemedaille mit Othos Kopf an und diese hat eine andere Legende. Dagegen zeigen die Silbermedaillen Cohen I, S. 252 f., N. 3, 5 und 16 den Kopf in gleicher Weise und dieselbe Bezeichnung.

h. *Vitellius.* — P. 265. B. 508.
Nackter Kopf mit Paludamentum, nach links gewandt. A. Vitellius German. Imp. Aug. PM. Tr. P. Die Legende findet sich auf einer Anzahl von Bronzemedaillen, die jedoch alle den Kopf mit Lorbeerkranz nach rechts gewandt zeigen. Die Silbermedaillen, deren eine den Kopf nackt zeigt (Lenormant: a. a. O. XIX, 9), haben andere Bezeichnungen. Entweder kennen wir demnach das Exemplar nicht, das Marcanton vorgelegen hat, oder derselbe hat mehrere Münzen zu seinem Stiche benutzt.

i. Angeblich *Vespasian.* — P. 266. B. 509.
Kopf mit Lorbeerkranz, nach rechts gewandt. T. Caesar Vespasian Imp. Pon. Tr. Pot. Cos. II. Durch die Legende verleitet hat Marcanton einen Tituskopf für den des Vespasian gehalten, auf dessen Münzen eine gleiche Bezeichnung gar nicht vorkommt. Wohl aber erscheint dieselbe auf einer Anzahl Medaillen des Titus aus den Jahren 72 und 73. Für uns kommen hiervon in Betracht Cohen I, S. 356 ff., N. 151, 162, 179, 186, 206, 217, 235, 239, 260, 313.

k. *Titus.* — P. 267. B. 510.
Kopf mit Lorbeerkranz, nach rechts gewandt. Imp. T. Caesar Vesp. Aug. PM. Tr. PPP. Cos. VIII. Cohen führt mehrere Bronzemedaillen mit dieser Legende aus dem Jahre 80 an, darunter zeigen den Kopf nach rechts gewandt: Cohen I, N. 187, 192, 193, 208, 212, 232, 242, 256, 294.

l. *Domitian.* — P. 268. B. 511.
Nach rechts gewandte Büste mit der Aegis. Imp. Caes. Domitian Aug. Germ. Cos. XI. Es können Marcanton vorgelegen haben Cohen I. S. 431 ff., N. 360, 377, 409, 412, 438, 445, 453, 471, 475, 478, 482 und 489.

m. *Trajan.* — P. 269. B. 512.
Nach links gewandte Büste mit Lorbeerkranz und auf der rechten Schulter Gewand. Imp. Caes. Nervae Trajano Aug. Ger. Dac. PM. Tr. P. Cos. V. PP. Cohen führt eine grosse Anzahl aus den Jahren 104—110 stammender Bronzemedaillen mit gleicher Legende an, von denen nur die Nummern 439, 442, 444, 446 und 447 in Betracht kommen.

In den besprochenen zwölf Kaisermedaillons haben wir einen interessanten Beleg für das erwachende Interesse an antiken Münzen und für die Genauigkeit, die man gerade bei deren Publikation anwandte. Vielleicht verdankt man die Stiche dem Anstoss, den des Andreas Fulvius Werk: Illustrium imagines Imperatorum et illustrium virorum atque mulierum vultus ex antiquis numismatibus expressi im Jahre 1517 auf numismatischem Gebiete gegeben hatte.

2. Agostino Veneziano.

a. Statuen und Büsten.

14. *Der Apollo von Belvedere.* — P. 53. B. 328.
Die Statue ist so von der rechten Seite gesehen, dass ihr Kopf dem Beschauer zugewendet ist. (Vergl. im übrigen Marcanton N. 1.)

15. *Der Apollo von Belvedere.* — P. 54. B. 329.
Er erscheint hier im Gegensinne und vor einer Nische.

16. *Acht Hermen.* — P. 69—72. B. 301—304,
bezeichnet mit 1536 und P. 69 (B. 301) ausserdem mit: Sic Romae in impluvio ex marmore sculp. Es ist wohl anzunehmen, dass die sogenannten Copien A dieser Stiche die von Marcantons Hand gefertigten Originale sind. Wenigstens weisen zwei derselben, die ich in der Albertina sah (P. 70) durchaus dessen breite, freie und sichere Grabstichelführung auf. Ob mit Passavant für alle Blätter antike Vorlagen anzunehmen sind, kann ich zwar nicht entscheiden, möchte es aber bezweifeln.

a. *Zwei Herkuleshermen.* — P. 69. B. 301.
Die eine links, deren Arme abgebrochen sind und welche ein über den Kopf gezogenes und vorn an der Brust geknüpftes Fell trägt, giebt einen antiken Typus wieder, den wir z. B. auf einer Herme in Neapel (Gerh. und Panofka: Neapels A. B. I, N. 113) wiederfinden. Für die andere, deren Oberkörper und linker Arm ganz von dem weit herabfallenden Felle verhüllt ist und welche mit der rechten Hand eine Keule schultert, möchte ich auf die bei Episcopius (N. 65) abgebildete, freilich jugendliche Figur hinweisen. (Vergl. auch die Hermen der Villa Ludovisi, Mon. ined. 1878, Tav. XLI, Schreiber die antiken Bildwerke der Villa Ludovisi S. 41 ff.)

b. *Zwei weibliche Hermen.* — P. 70. B. 302.
Die links befindliche armlose, um deren Brust ein symmetrisch angeordnetes Gewand gezogen ist, trägt Gebälk auf ihrem Haupte. Die andere mit einem Fruchtkorbe auf dem Kopf, einem Stil in der Hand und mit Füssen, hält mit der Rechten das die Brust freilassende, um den Hals geschlungene Gewand schoossartig vor der Scham. Sie ist offenbar identisch mit der von Sandrart (T. A. II Sculpt. Taf. ee) neben dem Marforio abgebildeten Herme, über deren Aufbewahrungsort er nichts angiebt. Die Linke hält hier einen ruderförmigen Gegenstand, und in dem Schoosse sind Früchte.

c. *Zwei Hermen des Silvanus.* — P. 71. B. 303.
Beide sind bärtig und tragen Gebälk, die links befindliche läuft in einen nach unten sich verjüngenden Baumstamm aus und hat keine Arme, die andere verschränkt die Arme vor der Brust. Man wird sie schwerlich für antik halten dürfen, ebensowenig wie

d. *Zwei männliche Hermen.* — P. 72. B. 304.
Die eine, halb nach rechts hinten gewandt, streckt die am Ellenbogen abgebrochenen Arme aus und geht von den Hüften an in einen Palmbaumstamm mit Füssen über, die andere, ein Priapos mit Turban und verhülltem Körper, dessen Beine ein roher Stamm ersetzt, zeigt mehr Verwandtschaft mit antiken Typen (vergl. Gerhard: Ant. B. Taf. 102, 6.)

17. *Büste des Julius Caesar.* — P. 184,
bei Bartsch nicht erwähnt. Er ist mit Panzer und Paludamentum bekleidet und schaut halb nach links. Aldovrandi erwähnt zahlreiche Köpfe des Caesar in Rom, darunter einen im Besitze des Marco Casale, der als sein wahres Bildniss galt. (Statue S. 200.) Die meiste Aehnlichkeit mit unserem Stiche zeigt verhältnissmässig die capitolinische Büste (Righetti: mus. cap. I, XXXII).

18. *Büste des C. Caligula.* — P. 185,
bezeichnet 1516. Er erscheint fast en face, trägt einen mit einem Medusenhaupte gezierten Panzer (Aegis) und auf der rechten Schulter den Mantel. Entschieden ähnlich ist die Büste in Neapel (Clarac. mus. de sculp. 933, 2375). Aldovrandi erwähnt nur einen Kopf des Caligula im Besitze des Mons. Giacomelli (st. S. 259).

19. *Büste des A. Vitellius.* — P. 186.
Das Pendant der beiden vorhergehenden, das ich nur aus diesem Grunde hier anführe, da ich die Vorlage des Stechers entschieden für moderne Arbeit halte. Bez. 1516 und A. Vitellius VIIII. Ro.

Imp. Der bartlose Kopf mit grosser, weit vorspringender Nase erscheint fast im Profil, um den Hals ist ein Gewandstück drapirt. Aldovrandi erwähnt keine Büste des Vitellius in Rom und es ist bekannt, dass Visconti und Winckelmann überhaupt die Existenz einer solchen aus dem Alterthume überkommenen verwarfen. Die von Platner Beschrb. Roms III, 1. S. 199) für echt gehaltene capitolinische hat mit unsrer Abbildung nichts zu thun.

Die erwähnten drei Stiche wurden später, nachdem man die gleichwohl immer noch sichtbaren Bezeichnungen zu vertilgen gesucht, von Enea Vico seiner im Pariser cabinet des estampes vollständig vorhandenen Suite von vierundzwanzig Kaiserbildnissen einverleibt und machen inmitten der anderen, ziemlich schwachen Arbeiten einen sehr vortheilhaften Eindruck.

b. Reliefs.

20. *Orest und Pylades werden gefangen vor Iphigenie geführt.* — P. 35. B. 194.

Pulszky führt den Stich fälschlich auf das von Winckelmann (mon. ined. P. 149) publicirte, damals im Palaste Accoromboni befindliche Relief, das nur einen Wächter zeigt, zurück (a. a. O. S. 26). Nicht dieses, sondern das verwandte in der Villa Albani (Guattani: mon. ined. November 1786, Zoega bass. II, 56), welches sich, wie aus einer Zeichnung des Codex Coburgensis (Matz N. 206) hervorgeht, im 16. Jahrhundert in Rom befand, diente als Vorlage. Aus dem sicherlich sehr beschädigten Zustande erklären sich einige Abweichungen; so sind Orest und Pylades bärtig und hat der Wächter rechts, dessen Unterkörper auch jetzt noch nicht auf dem Relief ergänzt ist, römische Tracht erhalten, während er offenbar, wie die andere in asiatischer zu denken ist. Iphigenie hält eine Fackel in der Hand, und das simulacrum der unbekleideten Diana steht mehr im Hintergrunde. Freie, wenn auch an das auf der Sculptur befindliche Portal sich anlehnende Zuthat ist die Architektur im Hintergrund.

c. Gefässe und Ornamente.

21. *Gefäss mit Akanthusblättern.* — P. 140. B. 540,

bezeichnet: Romæ in eccl. S. Agnetis extra muros. Der Stich stellt offenbar kein Gefäss, sondern einen mit Blättern umkleideten kelchförmigen Aufsatz dar, wie ich vermuthe, eine Akanthusdocke von einem der zwei jetzt in der Candelabergalerie des Vaticans befindlichen Candelaber, die aus S. Agnese stammen. (Vergl. Braun: Ruinen und Museen Roms S. 491).

Von der im Folgenden behandelten Suite von zwölf Prachtgefässen, welche neben dem Monogramm Agostinos und der Jahreszahl 1530 die Angabe: sie Romae antiqui sculptores ex aere et marmore faciebant enthalten, hat Passavant schon drei, nämlich P. 147, 148, 150 (B. 547, 548, 550) als modern ausgeschieden. Noch Montfaucon publicirte die Vasen P. 147 und 148 als antik. ant. expl. II, XIII, N. 3 und 2); P. 147 und 150 zeigen das Wappen der Medici: den Löwen mit dem Diamantring. Wir besprechen die erwähnten 3 Blätter demnach nicht.

22. *Bauchiges Gefäss.* — P. 141. B. 541,

mit Deckel und zwei Henkeln in Form von Löwenköpfen. Sandrart publicirt dasselbe ohne Angabe des damaligen Aufbewahrungsortes. (T. A. II, 2 Hpth. III, Taf. 9.)

23. *Grosser auf schmalem Fusse stehender Krater.* — P. 142. B. 542,

mit Henkeln, die spiralförmig gewunden am Rande anliegen. Sandrart giebt ihn (a. a. O. Taf. 8), ohne den Aufbewahrungsort zu nennen. Man vergleiche die ganz ähnlichen Gefässe bei Piranesi ,vasi, candelabri etc. I) und Bouillon (mus. III, 6.)

24. *Prachtgefäss.* — P. 143. B. 543,

mit doppelt gewundenen, schlangenförmigen Henkeln und um den Bauch laufendem, bacchischem Relief. Es befand sich, wie aus einem Stiche Beatricets B. 100), der in Lafreris Speculum aufgenommen ist und das Pantheon darstellt, hervorgeht, auf dem Platze vor S. Maria Rotonda, wo es auch Aidovrandi (st. S. 313) erwähnt. Eine Inschrift, der zu Liebe das Gefäss durchbrochen ist, giebt an, dass es angeblich aus den Thermen des Agrippa und Nero stamme. Spätere Abbildungen sind bei Sandrart (T. A. als Schlussvignette zur Vorrede des I. Bandes S. G) und bei Moses (Raccolta di vasi etc. Taf. 39), zu dessen Zeiten (1824) es sich in Privatbesitz in Rom befand, zu finden.

25. *Amphorenartiges, mit Reliefputten verziertes Gefäss.* — 144. B. 544,
mit doppelt gewundenen, uber den Deckel laufenden schlangenförmigen Henkeln. Da Sandrart es zwischen einer Athena, die im Palaste des Cesi und einem Paris, der im Besitze Arundels war, wiedergiebt (T. A. II. Sculpt. Taf. e e.), so bleibt es zweifelhaft, wo und ob es sich überhaupt im Besitze eines der beiden Sammler befand.

26. *Vase.* — 145. B. 545,
ohne Ornament mit zwei Henkeln. Das Original kann ich nicht bestimmen.

27. *Grosser Krater.* — P. 146. B. 546,
mit geschweiften, oben spiralförmig ansetzenden Henkeln und mit Masken verziert. Ich habe keine andere Publikation davon finden können, möchte aber auf die Beschreibung Fl. Vaccas von einem grossen Gefäss, das sich gegenüber von S. Antonio befand, aufmerksam machen: sette palmi lungo et altrettanto alto con certi manichi molte capricciosi e vi erano scolpite alcune maschere. (Fea Misc. phil. I. S. LXXII). Eine Kopie in der Vasensammlung Enea Vicos (B. 428).

28. *Ausgussgefäss.* — P. 149. B. 549,
dessen Henkel aus einer Maske hervorkommt und das mit kleineren Masken verziert ist, ist wohl modern.

29. *Amphorenartiges Gefäss.* — P. 151. B. 551,
mit zwei doppelten Henkeln und Deckel. Von diesem, wie dem folgenden sind mir keine sonstigen Reproductionen bekannt.

30. *Ausgussgefäss.* — P. 152. B. 552,
mit dreigetheilter Mündung.
Die folgenden nach der Antike gezeichneten Ornamente begnüge ich mich anzuführen:

31. *Blattornament mit einem Vogel.* — P. 153. B. 553,
bezeichnet Romae in eccl. S. Silvestri.

32. *Blattornament mit Vogel.* — P. 154. B. 554.
Mit gleicher Bezeichnung.

33. *Blattornament.* — P. 155. B. 555.

34. *Blattornament mit Kranich, Eidechse und Vogel.* — P. 162. B. 562.

3. Marco Dente.

a. Statuen.

35. *Die Laokoongruppe.* — P. 48. B. 353, Taf. I.
bezeichnet: Romae in palatio pont. in loco qui vulgo dicitur Belvidere.
Wie Andreas Fulvius (de urbis antiquitatibus libri V Ausg. v. 1547. S. 149) erzählt, wurde die Gruppe bei den sogenannten sette sale, wahrscheinlich Wasserbehältern in den

Thermen des Titus im J. 1506 gefunden und erregte sofort grosses Aufsehen. Julius II. sandte Giuliano di Sangallo an den Fundort, der begleitet von seinem Sohne Francesco und Michelangelo kaum angekommen in ihr das von Plinius beschriebene Werk erkannte. Alle drei setzten sich hin und begannen unter beständiger Unterhaltung über die Antike zu zeichnen. (Brief des Francesco di Sangallo, hsg. von Fea: Miscell. phil. I, p. 329.) Ihr Urtheil mochte wohl den Papst veranlassen, die Statue von Felix de Fredis, auf dessen Grundstück sie gefunden war, zu erwerben und im Belvedere aufstellen zu lassen. (Vergl. v. Zahn: bull. dell' Inst. 1867 p. 190.) Michelangelo machte das erste Ergänzungsproject für den rechten Arm, der unter Clemens VII. von Giovanni Montorsoli, später noch einmal im 17. Jahrhundert nach Fea von Cornacchini restaurirt wurde.

Unser Stich stellt die Gruppe vor der Ergänzung, jedenfalls in dem Zustande dar, in welchem sie gefunden wurde. Es fehlen der rechte Arm des Laokoon mit der Schlange, der rechte Arm des jüngeren Sohnes von der Schlangenwindung an und die Finger der rechten Hand bei dem Knaben rechts. Die sonstigen kleineren Ergänzungen der Zehen am linken Fusse des Vaters und des jüngeren Sohnes, und der Schlange sind bei Marco Dente bereits vorhanden und wahrscheinlich bei der Zeichnung hergestellt worden. Eine Copie des Blattes findet sich bei Boissard (Ant. Rom. I, fol. M 4'), der auch die mit einem Eierstabe verzierte Mauer im Hintergrunde wiedergiebt. Dieselbe scheint keine freie Zuthat des Stechers, sondern nach der Natur gegeben zu sein, und es drängt sich unwillkürlich die Frage auf, ob die Aufnahme der Gruppe geschah, als dieselbe sich schon im Belvedere oder noch am Fundorte befand. Zu der letzteren Annahme möchte das zerstörte Mauerwerk im Hintergrunde beinahe verleiten, wenn dem nicht die Unterschrift und die sicher viel später anzusetzende Entstehung des Stiches widersprächen. Denkbar bleibt es immerhin, dass Marco Dente eine der am Fundorte gefertigten Zeichnungen als Vorlage benutzte.

Als dritte Reproduction des Laokoon vor der Ergänzung führe ich den Stich von Giovanni Antonio da Brescia (B. 15) an, den ich nicht aus eigner Anschauung kenne. Die späteren Abbildungen zeigen theilweise oder vollständige Restauration, so bei

Vaccarius (II, 48),
de Cavalleriis (I, 1),

N. Beatricet (B. 90), dessen im Speculum abgedruckter Stich zum Theil mit Benutzung des Dente'schen gefertigt zu sein scheint.

Ausser Jan Episcopius (16, 17 und 16, auf dessen Abbildung die Schlange nicht in die Weiche des Laokoon beisst, sondern sich wieder rückwärts um die Hand windet, sind noch zu erwähnen

Perrier (100 statue),
Maffei (raccolta I) und
Sandrart (T. A. I, Sculp. Taf. e).

Eine eigenthümliche Benutzung des Laokoon finden wir auf dem jüngsten Gerichte Cesare Reverdinos (B. 15 P. 21) in einem der Verdammten. Das Interesse, welches die merkwürdige Gruppe erregte, geht abgesehen von den zahlreichen Reproductionen auch aus den Unterschriften der Darstellungen bei Vaccarius und de Cavalleriis hervor: in Pontificis viridario Romae non quale a Virgilio ac Plinio, sed cujusmodi a Graecis Poetis describitur. Der Streit, welcher der alten Schriftsteller das Motiv zu derselben hergegeben habe, scheint schon im XVI. Jahrhundert lebhaft entbrannt zu sein, da jene Bezeichnungen förmlich triumphirend die aus den archäologischen Forschungen siegreich hervorgegangene Ansicht bringen, während ein andrer Stich Marco Dentes, der die Miniatur des Vaticanischen Virgilcodex wiedergiebt, und den wir weiter unten im II. Theile besprechen werden, mitten in die Zeit des Zweifels versetzt. Er erzählt uns mit einer Deutlichkeit, die nichts zu wünschen übrig lässt, wie die Gelehrten eifrig nach anderen antiken Darstellungen des Laokoon suchten, um durch Vergleichung zu einem Resultate zu gelangen. In der alten Handschrift fand man die wahrhafte Wiedergabe der Virgil'schen Schilderung. Der Künstler, der vermuthlich von den Gelehrten darauf hingewiesen wurde oder wenigstens dem allgemeinen Interesse willfahrtete, setzte unter seine Reproduction der Miniatur, die er einigermassen den modernen Anforderungen anpasste, die bezeichnenden Worte: prout in II. Aeneidos P. V. Maronis. Die Inschriften der zwei späteren Stiche lesen sich wie eine Ergänzung hierzu.

Zu Aldovrandis Zeiten bezog man Verschiedenes unter den Antiken Roms auf Laokoondarstellungen, so einen Kopf im Besitze des Maffei (statue S. 241), einen ganz kleinen, aber von

Michelangelo sehr gelobten Torso in dem Hause des Mario Maccaroni (a. a. O. S. 267) und eine Statue im Besitze des Bischofs von Rustici (a. a. O. S. 215).

Es scheint, dass man im Anfang des XVI. Jahrhunderts an eine besonders ausgezeichnete Aufstellung der Gruppe gedacht hat. Den Beweis dafür liefert eine in der Albertina in Wien befindliche Zeichnung Scuola Romana Portfolio I. B, N. 50), welche die Tradition dem Giuliano di Sangallo zuschreibt. Sie zeigt auf der einen Seite des Blattes in der Mitte einen flüchtig mit der Feder skizzirten Entwurf zu einem triumphbogenartigen Bau mit einer Muschelnische, in welcher sich deutlich erkennbar die Laokoongruppe auf einer trommelförmigen Basis aufgestellt befindet. Der Bogen der Nische, der oben durch einen Schlussstein bekrönt ist, wird von zwei Pilastern toskanischer Ordnung getragen, zwei grössere vortretende Säulen derselben Ordnung rahmen die Nische ein und stützen ein zweifach gegliedertes Epistyl, auf welches ein Triglyphenfries folgen sollte. Ueber dem vorspringenden Kranzgesimse erhebt sich ein geradlinig geschlossener Aufbau, der mit einem von zwei an den Ecken sitzenden Putten gehaltenen Feston geschmückt und mit einem von zwei Voluten gestützten, leeren Wappenschilde bekrönt ist. Der mit der Trommel gleich hohe Unterbau zeigt auf der linken Seite Incrustation beabsichtigt. — Links ist flüchtig der Grundriss der Nische mit der Basis angegeben, rechts ein höherer triumphbogenartiger Bau mit leerer Nische, doppelter Attika und spitzem Giebel, darüber eine Nische mit einer statuarischen Gruppe, in der ich keine andere, als die Galliergruppe der Villa Ludovisi erkennen kann.

Auf der andern Seite des Blattes sieht man eine mit der Feder angelegte, mit Sepia ausgeführte und weissaufgehöhte, figürliche Darstellung: einen Feldherrn, der vor seinem Zelte einen Brief liest und rechts mehrere Krieger in römischer Tracht. Stil, wie Zeichnung ist sehr mangelhaft und macht einen entschieden manierirten Eindruck.

Dass es sich auf dieser Zeichnung um Projecte zur Aufstellung des Laokoon und einer andern Gruppe handelt, scheint sicher, da die statuarischen Werke zu sehr hervortreten, als dass man annehmen könnte, der Künstler habe sie bloss dekorativ verwendet. Der kleinere, aber grösser angelegte Bau rechts war gewiss für die darüber befindliche Gruppe bestimmt. Es frägt sich nun, wem und welcher Zeit ist die Zeichnung zuzuertheilen? Die architektonischen Formen und Verhältnisse weisen auf das erste Viertel des XVI. Jahrhunderts hin, jene Zeit, in der durch die Bestrebungen Bramantes und der beiden Sangalli der dorische Stil in seiner modificirten Form zu neuem Leben erwacht war und mit Vorliebe angewendet wurde. Die Gestaltung der dorischen Säulen mit ihrem Gebälk entspricht ganz ihrer Anwendung bei Bramantes 1502 begonnenem tempietto in S. Pietro in Montorio und auf den Planen Antonio di Sangallos für St. Peter. (Vergl v. Geymüller: Urspr. Entwürfe zu St. Peter Pl. 48, wo für die Fenster ganz dasselbe System angewendet ist, auch der Schlussstein sich findet und ein ähnlicher Aufsatz mit zwei Figuren geplant ist. Aehnlich auch eine Arkade des Inneren auf Pl. 34, 2, ferner einzelne Details auf Pl. 33, 2 und 50, 5.) Entgegengesetzt der breiteren, massigen Zeichnungsweise Bramantes hat die Federführung auf unserm Blatte so entschiedene Verwandtschaft mit der Art des Giuliano und seine beglaubigten Zeichnungen in einem Skizzenbuche der Sangalli, dessen Einsicht mir der Besitzer desselben, Herr von Geymüller in Paris, gütigst gestattete, bringen für jedes einzelne architektonische Detail so zahlreiche und so genaue Analoga, dass an seiner Autorschaft nicht zu zweifeln ist. In welchem Verhältniss die figürliche Darstellung zu der architektonischen steht, ist schwer zu bestimmen. Sie macht einen spateren Eindruck, doch könnte sich der Widerspruch vielleicht lösen, wenn man bedenkt, dass sie von der Hand eines in solchen Dingen weniger geübten Architecten stamme.

An die eine Hypothese knüpft sich dann unmittelbar eine andere. Giuliano di Sangallo war es, der zuerst zur Besichtigung des Laokoon ausgeschickt wurde. Sollte er nicht vielleicht auch von dem unternehmungslustigen Julius II. den Auftrag erhalten haben, einen Entwurf für eine würdige Aufstellung des Werkes, das Michelangelo il portento dell' arte nannte, zu machen? Dass es nicht zu einer solchen kam, erklärt sich wohl aus der Schwierigkeit, die Gruppe in eine Nische zu placiren, auch auf der Zeichnung ist sie arg zusammengedrängt worden, um in den Entwurf eingefügt werden zu können. So war es nicht möglich, trotz der deutlich sichtbaren, richtigen, im Sinne Michelangelos angegebenen Restauration des rechten Armes.

— 16 —

Der zweite Entwurf birgt ein neues Räthsel in sich. In der Gruppe kann ich, wie erwähnt, nur die Gallier der Villa Ludovisi erkennen. Die Stellung des Mannes mit der erhobenen Rechten ist kenntlich wiedergegeben, weniger klar die der Frau, die von seiner Linken gehalten wird. An das einzige andere ähnliche, antike Werk, die Pasquinogruppe, zu denken, verbietet die Haltung des rechten Armes und der Umstand, dass dieselbe im XVI. und XVII. Jahrhundert unrestaurirt war. Da nun unsere Zeichnung sicher nicht in das XVII. Jahrhundert versetzt werden kann, in welchem die Galliergruppe zuerst in dem Besitze der Ludovisi auftauchte, so hätten wir deren Auffindung früher anzusetzen, als man es bisher geglaubt hat und es liegt sehr nahe, Brauns Vermuthung Recht zu geben, der in den „Ruinen und Museen Roms" (S. 368) sagt: „Unsere Gruppe ist von einer seltenen, fast wunderbaren Erhaltung. Wäre nachzuweisen, dass sie aus der Verlassenschaft des Giovan Giorgio Cesarini stammte, so würde sich dieselbe dadurch erklären, dass sie gleich dem Laokoon in den dem Garten jenes Sammlers benachbarten Bädern des Titus aufgefunden worden sei." Schreiber weist diese Hypothese in seinem Kataloge der Villa Ludovisi, (S. Einleitung S. 11) mit dem Hinweis darauf, dass die Gruppe sich nicht in den Statuenwerken des 16. Jahrhunderts vorfinde, zurück. Dies muss zugegeben werden und ist in der That höchst auffallend. Statuen von dieser Bedeutung und Erhaltung gab es nicht viele. Der Laokoon konnte die Gallier vielleicht für den Augenblick in den Schatten gestellt haben, aber Abbildungen oder wenigstens eine Erwähnung bei Aldovrandi würden wir doch sicher erwarten können. So kann denn die auf die Zeichnung fussende Vermuthung, die Galliergruppe sei mit dem Laokoon zusammen als eine der „certe statue molto belle", die Francesco di Sangallo erwähnt, gefunden worden, auch jetzt nur eine Vermuthung bleiben, da die flüchtige Skizze kein apodiktisches Urtheil zulässt.

36. *Sogenannter Olympos.* — P. 50. B. 309.

Pulszky bezieht den Stich fälschlich auf die Gruppe der Villa Albani: Pan und Olympos. a. a. O. S. 21). Derselbe giebt vielmehr die Florentiner, schon von Vaccarius (I. 1. II, 41) als in den Gärten der Medici befindlich publicirte und Apollo genannte Statue, die den Olympos allein darstellt, in etwas manierirter Weise wieder (abgeb. Clarac 726 B, 1736 F. Dutschke: Ant. Bildw. in Oberitalien III, N. 232). Sie stammt aus der Sammlung des Bischofs von Rustici, wo Aldovrandi sie gesehen und folgendermassen beschreibt: pastore assiso sopra un tronco e sta in atto come di sonare. Credono alcuni, che gli sia Pane dio di pastori (statue S. 214). Pelli's saggio storico della galeria di Firenze war mir leider nicht zugänglich, und konnte ich ihn deshalb für die nähere Feststellung der Provenienz florentiner Antiken nicht zu Hülfe nehmen.) Aus dem Jahre 1577 besitzen wir einen Stich der Statue von Cherubini Alberti, spätere Abbildungen enthalten: de Rubeis und Sandrart (T. Ak. II Sculp. Taf. pp.)

37. *Faun mit Tiger.* — P. Schule Marcantons 67. B. 307.

Dieser, wie der folgende Stich sind Pendants zum vorigen und von demselben Meister, unzweifelhaft Marco Dente gestochen. Derselbe reproducirt hier eine jetzt gleichfalls in Florenz befindliche Statue, die jedenfalls mit der von Aldovrandi im Besitz des Bischofs von Rustici erwähnten und als Bacchus beschriebenen identisch ist. (Bacco ignudo che si tiene in testa una mano con un raspo di vua; con l'altra si tiene su il grembo pieno di frutti et ha un bel cane a piedi a. a. O. S. 213). Zur Zeit, als sie in den Mediceischen Gärten war, zeichnete sie Maffei. (Raccolta Taf. XXXVIII, danach bei Montfaucon I, 1, CLIX, 2). Unser Stich giebt sie vollständig ergänzt in Vorderansicht. Dutschke erwähnt sie a. a. O. II, 31 als im Palazzo Pitti befindlich.

38. *Dionysos mit Tiger.* — P. Schule Marcantons 68. B. 308.

Pulszky glaubt das Vorbild in einer stark restaurirten Statue der Villa Albani zu erkennen (abgeb. Clarac, Mus. de seul. 716 D, 1685 E), die zwar ähnlich, aber nicht genau übereinstimmend ist. Das Original aber ist in der That eine Statue in Florenz, die sich in den gleichen Sammlungen, wie die zwei vorher erwähnten, befunden hat. (Abgeb. bei Maffei: Raccolta Taf. XXXVI und Sandrart: T. A. I Sculptur Taf. c.) Aldovrandi beschreibt sie: Bacco con frutti in mano et ha seco giu un cane e Bacco è girlandato di uve (statue S. 214). Unser Stich giebt sie von der Seite gesehen nach rechts schreitend in restaurirtem Zustande. Es ist wohl die von Dutschke a. a. O. II, 32 angeführte Antike.

39. *Der Dornauszieher auf dem Capitol.* — P. 57. B. 480.

Bezeichnet: Rome in Capitolio. Er befindet sich auf einer, nach oben sich verbreiternden, stufenförmigen Basis, die auf einem Säulenpostamente ruht, in einer Stube. Zahlreiche Stiche des XVI. und XVII. Jahrhunderts reproduciren ihn, so ein Blatt des C. Cort im Speculum, das von Diana Ghisi copirt wurde (von Claudius Duchetus 1581 herausgegeben),
Vaccarius (II, 13),
Cavalleriis (I, 74),
Boissard (A. R. I, E.).
Sandrart (T. A. II. Sculpt. Taf. u) giebt eine von Aldovrandi nicht erwähnte, im Besitze der Giustiniani befindliche Wiederholung der Statue wieder (wohl die jetzt in Florenz befindliche, in den Annali dell' Inst. 1874 Tav. d'Agg. M. von Brizio publicirte. Dütschke a. a. O. III, N. 150) und erwähnt dabei von der capitolinischen, dass sie durch das Alter ihren Glanz verloren habe, schwarz und desshalb unkenntlich geworden sei. Dass schon Brunellesco den Dornauszieher auf seinem für das Jahr 1402 gefertigten Concurrenzrelief für die Thüre des Baptisteriums als Nebenfigur verwerthete, ist bekannt. Ueber zwei andere, wie es scheint von der Statue nicht abhängige Darstellungen vergleiche N. 11 des II. Theiles.

40. *Die Reiterstatue des Marc Aurel.* — P. 59. B. 515.

Bezeichnet: Sie Rome aere sculp. ante Portam Eccl. S. Johannis Lathera. — Die Reproduction ist getreuer, als die Marcantons: so sind die Sandalen und die Satteldecke richtiger wiedergegeben. Im Hintergrunde aber sieht man über eine Mauer auf eine gebirgige Landschaft. Vergl. im Uebrigen N. 3.

b. Reliefs.

Es handelt sich hier zunächst um *vier Reliefs von der Trajanssäule*, die in der Renaissancezeit sicherlich für eines der grössten Wunderdinge aus dem Alterthume, die in Rom zu sehen waren, galt. Dass wir gleichwohl von ihren figürlichen Darstellungen verhältnissmässig wenige frühe Abbildungen haben, erklärt sich leicht aus der Schwierigkeit des Zeichnens. Es erregte die grösste Bewunderung, als Jacopo Ripanda mittelst Maschinen die Säule bestieg und zum ersten Male die Reliefs copirte. (Vergl. Commentariorum urbanorum Raphaelis Volaterrani XXXVIII libri. Paris 1511. l. XXI. fol. 223.) Seinem Beispiele folgten dann Raphael und seine Schüler, wie wir aus Alf. Ciaccones Vorrede zur historia utriusque belli Dacici (Rom 1576) erfahren, welcher von der Mühe und Sorgfalt erzählt, mit der sie Vieles copirten und dann zu ihrem Gebrauche benutzten und in die Gemälde übertrugen. Möglicherweise waren auch die Zeichnungen, nach denen Marco Dente stach, Früchte dieses Studiums. Sie behandeln vier aufeinanderfolgende Reliefs (in Bartoli's Colonna Trajana die Tfn. 13—15, bei Frochner: la colonne Trajane pl. 43—46, worauf Bartsch und Passavant nicht Rücksicht genommen haben.

41. *Der Bau eines Lagers.* — P. 26. B. 205.

(Bartoli 13. Frochner 43.) Die Begränzung des Stiches ist an der rechten Seite etwas anders, als bei Frochner. Der Plattenrand durchschneidet den mauernden Mann und den ruhig dastehenden oben, deren andere Hälften man auf P. 24 sieht. Die Verschiedenheiten sonst sind geringfügiger Art, so fehlt dem links in der Mitte befindlichen, nach links gewandten Manne das Arbeitsgeräth in der Hand, der hinter der Mauer stehende Feldherr schaut halb nach links, und der bei Frochner 2 Stabe haltende Mann trägt bei Dente einen Schild.

42. *Der Bau eines Lagers.* — P. 24. B. 203.

(Bartoli 14. Frochner 44.) Links ergänzt der Stich die auf P. 23 nur halb gegebenen Figuren, deren unterste nicht wie bei Frochner hämmert, sondern einen Stein hebt und deren mittlere bis an die Knie sichtbar ist. Der hämmernde Mann in der Mitte hebt bei Dente nur die linke Faust ohne Werkzeug, die beiden, die Pferde haltenden Leute sind unbärtig, der Schmuck im Schilde ist hier, wie auf den anderen Blättern, durchgängig etwas verändert.

43. *Ueberschreitung einer Brücke.* — P. 25. B. 204.

(Bartoli 14 u. 15. Froehner 45.) Das Lager im Hintergrunde ist ziemlich frei wiedergegeben und die Bekleidung der Soldaten öfters nicht ganz richtig verstanden, wie das aus den Hosen und Gamaschen und deren etwas unklarem Zusammenhange mit den Stiefeln hervorgeht. Der an zweiter Stelle links stehende Krieger hält eine Lanze in der Hand. Der vordere Reiter hat die Brücke schon weiter hinter sich, als bei Froehner.

44. *Versammelte Krieger.* — P. 23. B. 202.

(Bartoli 15. Froehner 46.) Der Stich endigt rechts mit dem bei Froehner angegebenen Sprunge im Relief. Die Köpfe sind nicht alle streng in derselben Haltung und entbehren mehrfach der Barte, das Palmenmotiv der Feldzeichen ist naturalistisch gezeichnet, den ganz rechts stehenden Soldaten hat Marco Dente offenbar des Abschlusses wegen freier gestaltet, er erscheint in ganzer Figur und wendet den bärtigen Kopf nach links zurück. Ein nur in den Umrissen angegebener Baum, der bei Froehner erst weiter rechts gesehen wird, schliesst die Darstellung ab.

Ich habe Bartolis Stiche bei der Vergleichung ausser Acht gelassen. Sie stimmen in manchen Punkten mit Marco Dente, in anderen mit Froehner überein.

45. *Trajan gegen die Dacier kämpfend.* — P. 27. B. 206.

Relief vom Constantinsbogen, das nach der Bezeichnung einer Copie: tabula marmorea pugnae Dacicae ex diruto Trajani ut putatur arcu in Constantini cognomento Magni, qua spectat Aventinum, ornatus causa Romae translata, ursprünglich am Bogen des Trajan gewesen sein sollte. Es ist das von Bartoli in den veteres arcus Triumph. (Taf. 45, danach bei Perrier: Ic. et. seg. 23) publicirte Relief, das auch schon im Speculum in einem Stiche des Beatricet (B. 94) enthalten ist. — Rechts schliessen die Abbildungen bei Dente und Bartoli ungleich, da bei ersterem der Plattenrand den Schwanz des Pferdes durchschneidet. Die bei Bartoli hinter dem vorderen Reiter befindlichen zwei anderen, der Fussgänger, das Zelt und der Baum fehlen. Das Pferd des mit einem Schnurrbart versehenen und einen Helm mit Busch, sowie einen ovalen Schild tragenden Trajan erhebt sich höher im Ansprunge. Die nach rechts schreitende Gestalt ist jugendlich amazonenhaft und trägt einen sechseckigen Schild. Die Köpfe sind mehrfach, der späteren Abbildung entgegengesetzt, unbärtig und in der Bekleidung, wie in den Waffen zeigen sich vielfache Abweichungen. — Vergleiche auch N. 11.

46. *Der Thron des Neptun.* — P. 41. B. 242.

Bezeichnet: Opus hoc antiqui sculp. reperitur Ravennae in aed. divi Vitalis 1519. — Passavant verwechselte wohl den Thron des Neptun mit dem des Saturn, als er behauptete, das Vorbild unsres Stiches befinde sich in Paris. Beide Werke (eine Wiederholung des Pariser befindet sich in Venedig: Valentinelli: marmi scolpiti p. 124) sind zusammengehörig, und die Sculptur des Louvre war vermuthlich unter den Monumenten, die Franz I. und Heinrich IV. von Italien kommen liessen. (Froehner: Mus. d. Louvre S. 318, N. 337. Clarac 218, 10.) Nach Zani soll das Original unsres Stiches die Inschrift: opus hoc divi Vitalis MDXV tragen. Zwei Copien (B u. C) führt Passavant neben der mit A bezeichneten an, die das mit 1519 bezeichnete Exemplar ist. Eine der Copien ist in Lafreris Speculum aufgenommen. (Spätere Abbildungen: Montfaucon a. e. Suppl. I, T. 26 nach M. l'Abbé Fauvel. — Millin: Gal. myth. LXXIII, N. 295 nach „La Frerie". — Moses: raccolta di vasi etc. T. 148.)

47. *Die drei Grazien.* — P. 43. B. 341.

Eine Copie des Marcanton'schen Stiches. Vergl. N. 10.

48. *Die Hore des Winters.* — P. 55. B. 466.

Mehrfache Copien bei Bartsch. Pulszky fand das Vorbild auf dem Relief mit der Peleushochzeit in der Villa Albani (Zoega bass. B. I, 52), doch stimmen die Darstellungen nicht genau überein, da an dem vorderen Ende des Stabes, den sie über der Schulter trägt, auf dem Stiche zwei Vögel hängen. Genau dieselbe Figur bis ins Einzelne hinein findet sich auf Terracottareliefs, wie uns deren noch zwei erhalten sind, das eine im British Museum (Abgeb.: a descript. of the collection of anc. Terrac. by Taylor Combe N. 51), das andere bei Campana (opera in plast. Tav. LXI u. LXII. Vergl. auch Guattani: mon. inéd. April 1785. Taf. III und Arch. Zeit 1851, S. 290.) Dieselben zeigen die Hochzeit eines Paares, dem sich die Horen und ein Stiertragender Jungling. Herakles nahen. Letzteren, wahrscheinlich demselben Relief entlehnt, giebt ein Stich des Giovanni Antonio da Brescia B. 10) wieder.

4. Anonyme Meister der Schule Marcantons.

a. Statuen.

49. *Der Apollo von Belvedere.* — P. 64. B. 330.

Eine Copie des Marcanton'schen Stiches. Vergl. N. 1.

50. *Apollo.* — P. 65. B. 299.

Ein in München befindlicher Stich, den Passavant auf eine antike Statue bezieht und ganz übereinstimmend mit der oben besprochenen Neapeler Basaltstatue schildert (Vergl. N. 2.) Ich kenne ihn nicht aus eigner Anschauung, möchte aber darauf aufmerksam machen, dass Bartsch ihn im Gegensinne zu Passavant beschreibt.

51. *Männliche Statue.* — P. 137. B. 486.

Ein jugendlicher Mann mit kurzem, bis zu den Knieen reichenden Gewande und einem Tuche über der rechten Schulter, das durch einen Zeuggürtel gesteckt ist. Das linke Bein ist Standbein, das rechte ein wenig gekrümmt. Die Füsse tragen Sandalen. Abgebrochen sind die rechte Hand und der linke Unterarm. — Die antike Vorlage habe ich nicht finden können; ähnlich in Haltung und Gewandung ist die 1769 gefundene, aus der Sammlung Borghese stammende Heliosstatue des Louvre (N. 415).

52. *Sieben Karyatiden in Nischen.* — P. 143—149.

Sechs derselben halten Kapitäle, die siebente eine Tafel mit der Jahreszahl 1548 auf dem Kopfe. Passavant behauptet, diese in München befindlichen, mir unbekannten Blätter seien nach Antiken gestochen.

53. *Barbaren.* — P. 150.

Stich in München, den Passavant folgendermassen beschreibt: Ein Mann und eine Frau nach Barbarenart bekleidet, der Mann rechts, die Frau links auf einer Console, Figuren, die auf eine antike Gruppe zurückgehen.

b. Reliefs.

54. *Die Basis der Säule des Theodosius in Constantinopel.* — P. 141. B. XV, S. 57, N. 4.

bezeichnet: basamente de la colonna di constantinopolo mandato a Rafalo da Urbino. Der sich nach oben verjüngende Untersatz mit volutenförmigen Blättern an den Ecken und drei Putten, welche oben Festons tragen, verziert, trägt ein Postament mit einem Relief, welches zwei Victorien darstellt, die mit der einen Hand Schilde auf den Köpfen tragen, mit der anderen einen Kranz, in dessen Mitte S P Q R steht, halten. Unter denselben liegen Waffen. Auf dem breit darüber ausladenden Gesimse erhebt sich die Säule, deren Basis aus einer Platte und einem lorbeerkranzartigen Wulst besteht. — Es ist dies das interessante Blatt, durch welches auf die weite Ausdehnung der archäologischen Studien Raphaels ein so lebhaftes Licht geworfen wird. Ob es die Basis der Säule auf dem Tauros oder derjenigen auf dem Xerolophos in Constantinopel wiedergiebt, bin ich nicht in der Lage zu entscheiden. Fr. W. Unger hat es in seinen Studien: über die vier Colossalsäulen in Constantinopel (Repert. f. Kstw. II, S 109) nicht beachtet. Dass auch sonst Zeichnungen alter Denkmäler aus dem Orient ihren Weg nach Italien fanden, geht aus dem berühmten Manuscripte der Sangalli in der Barberina hervor, in dem sich, wie v. Geymüller kürzlich (Müntz: les arts à la cour des papes II, S. 306) bemerkt hat, Zeichnungen befinden, die Francesco di Sangallo von einem Griechen in Ancona erhielt.

55. *Die Basis der Trajanssäule.*
Ein von Bartsch und Passavant nicht erwähnter, in Paris befindlicher und daselbst in dem Cabinet des estampes in das Werk des Agostius Veneziano eingereihter Stich.

56. *Die Spitze der Trajansäule*
in Vorderansicht mit den vier obersten Streifen des Reliefs. Ein ebenfalls nicht erwähnter, ebendaselbst aufbewahrter Stich, den ich, wie den vorhergehenden nicht Agostino, sondern einem andern unbekannten Schüler Marcantons zuschreiben möchte.

c. Architectur.

57. *Der Constantinsbogen.* — P. 142. B. 537.
bezeichnet Arco di Constantino in Roma. Ant. Salamanca excudebat. Vermuthlich von Agostino Veneziano gestochen. Eine spätere Abbildung bringt Lafreris Speculum.

58. *Die drei Säulen des Forum Romanum,*
bezeichnet: In Foro Romano Excudebat Ant. Salamanca MDXL. Im Mittelgrund sieht man noch eine vereinzelte und weiter links drei über Eck gestellte korinthische Säulen, im Hintergrunde den capitolinischen Hügel. Im Lafreri befindet sich eine ähnliche Abbildung aus dem Jahre 1550. Unser in der Albertina befindliches Blatt ist weder bei Bartsch noch bei Passavant angegeben.

II.

Stiche, welche antike Denkmaler bewusst umbilden oder benutzen.

Haben wir im Vorhergehenden einen Einblick in das antiquarische Interesse der ersten Jahrzehnte des XVI. Jahrhunderts gethan, so werden wir uns im Folgenden mit dem Einflusse der Antike zu beschäftigen haben, wie er sich in den selbständigen Schöpfungen der Renaissancezeit äussert. In noch höherem Grade, wie der I. Theil kann der II. nur als ein Bruchstück einer grösseren noch auszuführenden Arbeit, als ein Versuch, auf einem kleinen Gebiete nachzuweisen, was fast der gesammten Kunst jener Zeit eigenthümlich ist, betrachtet werden.

1. Marcantonio Raimondi.

a. Religiöse Darstellungen.

1. *David.* — P. 7. B. 12.

Der Stich gehört zu denen, deren Erfindung dem Marcanton selbst zugeschrieben wird, und verräth den Einfluss Francias. Offenbar hat dem Künstler bei der Gestaltung des jugendlichen ausschreitenden, mit der Chlamys bekleideten Mannes, der in der Linken einen Sack, in der Rechten die Schleuder hält, der Typus des römischen Mercur als Handelsgottes vorgeschwebt. Das Gewand, der Beutel, selbst die Bewegung erinnert unwillkürlich an denselben. Die spitzige scharfe Behandlung der Formen aber, der Kopf und die gesucht zierliche Haltung sind durchaus modern. Diese Benutzung ist nicht ohne Interesse, hält man sie mit der Thatsache zusammen, dass im Mittelalter und noch in der Frührenaissance Hercules oder seltener auch Theseus der Typus des David war. Die künstlerische Ungereimtheit einer Gleichstellung des jugendlichen, judäischen Hirten mit dem gewaltigen, männlichen Hercules tritt uns besonders deutlich in einem Stiche des Stechers P P, den Passavant V, 142) nach Harzen Martino da Udine nennt hervor, auf welchem David von hinten gesehen die riesigen Körperverhältnisse des farnesischen Hercules zeigt, den der Künstler offenbar benutzt hat P. C). Hermes, der als ἀργειφόντης ja auch zu den streitbaren Gestalten der heidnischen Götterwelt gehört, als Vorbild für einen David zu nehmen, ist jedenfalls viel logischer und natürlicher. Wie auf dem die Fama in die Luft posaunenden Mercur eines Stiches von Caraglio (B. 36) die Zuthat des Riesenkopfes und des Schwertes zu erklären sei, ist noch

nicht bestimmt worden. Ob wir hier gleichfalls eine Beziehung auf David oder bloss eine
Anspielung auf die Eigenschaft des Gottes als Argustödter zu erkennen haben, wage ich nicht
zu entscheiden.

2. *Das Martyrium des heiligen Laurentius.* — P. 46. B. 104.

Nach Baccio Bandinelli. Der in der Mitte sitzende Stadtpräfekt Cornelius Secularis ist in Stellung
und Gewandung römischen Magistratspersonen, wie wir sie wiederholt auf Reliefs, z. B. denen des
Constantinsbogens finden, nachgebildet.

3. *Das Martyrium der heiligen Caecilia.* — P. 52. B. 117.

Nach dem Fresco Raphaels in der Villa Magliana. Die im Hintergrunde angebrachte Statue des
Zeus, welcher die Rechte mit dem Blitze im Schoosse, die Linke zu einem die Flügel spreitenden,
neben ihm befindlichen Adler gesenkt, dasitzt, geht auf den bekannten alten Typus des Gottes
zurück. Nur in der Haltung des linken Armes, der sich gewöhnlich auf das Scepter stützt,
hat sich Raphael eine Veränderung erlaubt. Der auf die Heilige zufliegende Engel mit Kreuz
und Palmzweig ruft alte Darstellungen der Victoria, wie wir sie auf Sarkophagen öfters finden,
ins Gedächtniss. Vielleicht haben wir in ihm, wie im Zeus eine Reminiscenz an das Parisrelief
der Villa Medici zu sehen. Vgl. N. 12.

b. Historische Darstellungen.

4. *Alexander lässt Homers Werke in das Grab des Achilles legen.* — P. 117. B. 207.

Nach der Grisaille Raphaels in der Stanza della Segnatura. Die Nachahmung antiken Reliefstiles
springt ins Auge. Die Costume und namentlich der in der alten Kunst so beliebte Contrast
zwischen europäischer und asiatischer Tracht weisen auf die Benutzung römischer Motive hin.
Ein Asiat, der mit nach rechts gewandtem Blick dem Befehle eines jugendlichen, von Gefolgs-
leuten umgebenen Feldherrn folgt, ist im Begriffe, ein Buch in einen Sarkophag zu legen, dessen
Deckel von einem nackten Jüngling links gelüftet wird. Zahlreiche Männer drängen sich von
hinten heran, um hineinzuschauen.

5. *Die Römischen Ritter.* — P. 118—121. B. 188—191.

P. 118. B. 188. Zwei nach rechts reitende Krieger, welche durch die Aufschriften der in der
rechten Hand getragenen Feldzeichen als Titus und Vespasian bezeichnet sind.

P. 119. B. 189. Ein nach rechts reitender Römer ohne Helm trägt ein Feldzeichen über
der rechten Schulter und ist als Scipio Africa. bezeichnet. Am Pferdekopf vorbei eilt ein
bewaffneter Mann (Knabe?) mit einer Trophäe.

P. 120. B. 190. Horatius sprengt bewaffnet, die Arme mit Schwert und Schild erhoben,
über eine zusammengekauerte Figur mit Schild auf einer Brücke dahin. Im Hintergrunde
fensterlose Bauten und eine Pyramide.

P. 121. B. 191. Curtius sprengt gewappnet, mit flatterndem Mantel, das Schwert in der
Rechten einem Abgrunde zu.

Auch hier fällt die beabsichtigte antike Haltung auf, welche den Einfluss der Triumphal-
reliefs zeigt und namentlich stark im Titus und Vespasian hervortritt. Ein ganz frei schaffender
Künstler würde schwerlich die Zügel weggelassen haben. Curtius erscheint fast genau so auf
einem noch bei Montfaucon für antik gehaltenen, offenbar modernen, geschnittenen Steine (ant.
expl. II, 1, T. XCIV, 2 nach Maffei. Vergl. auch ebds. 1).

6. *Cleopatra.* — P. 124. B. 199.

Angeblich nach einer Zeichnung Raphaels. (Bartsch giebt vier Copien an.) Die Schlummernde liegt
mit entblösstem Oberkörper, der durch ein zusammengeballtes Kissen etwas gehoben ist, das rechte
Bein über das linke geschlagen, beide mit Schlangenreifen geschmückte Arme über dem Haupte
verschlungen auf einem Ruhebett. Man hielt den Stich früher für eine Reproduction der vati-

canischen Ariadne. Pulszky macht auf die Verschiedenheiten, die hauptsächlich in der Armhaltung und Bekleidung bestehen, aufmerksam und weist auf die Ariadne Torlonia (P. H. Visconti: l'art S. 94, 1876, auf Ariadne- und Mars und Rhea Sylvia-Sarkophage hin. Dass die Figur einem Relief mit Dionysos und Ariadne entnommen sei, scheint mir sehr wahrscheinlich, wenn ich auch kein einziges, auf dem die Haltung der Arme eine gleiche wäre, gefunden habe. Die vaticanische Statue, die unter Julius II. von Hieronymus Maffei erworben, von Julius III. als Schmuck einer von Daniele da Volterra hergestellten Fontaine im Belvedere verwandt und unter Clemens XI. wieder in den Porticus des Vatican zurückgebracht wurde, hat so geringe Ergänzungen in der rechten Hand, dem linken Armreif, der Nase und dem Gewandstück unter dem linken Arme erfahren, dass wir in ihnen keine Erklärung für die Abweichungen des Stiches finden können. Auch zeigen sie alle frühen Abbildungen: auf einer fälschlich Raphael zugeschriebenen Zeichnung in Oxford (Passavant: Raph. d'Urb. franz. Ausg. N. 529 l. Robinson: the drawings by Michel. and R. N. 160), bei de Cavalleriis (I, 6), Vaccarius (I, 58 u. II, 47), Episcopius (N. 35) und Sandrart ,T. A. I Sculpt. Taf. dd) so, wie wir sie heute sehen. (Sandrart weiss von ihr zu berichten, Augustus habe sie im Triumphe zu Rom eingeführt.) Die kurzen Beschreibungen Aldovrandis und Boissards (A. R. Top. Romae S. 7 und 54) von zwei anderen Cleopatrastatuen geben keinen bestimmten Anhalt.

Auf dasselbe Vorbild, wie der Marcanton'sche Stich, dürfte vielleicht die Nymphe auf einem Blatte Bonasones (B. 111) zurückgehen.

7. Der Triumph des Titus. — P. 126. B. 213.

Nach einer Zeichnung Baldassare Peruzzis im Louvre G. Frizzoni: Nuova Antologia, Firenze Agosto 1871. Sep. Abdr. S. 25). In der Mitte steht der nackte, jugendliche Caesar, die Rechte auf den Kopf eines Gefangenen gestützt und von einer ihn anredenden Frau am rechten Arm erfasst. Als Zuschauer drängen sich von beiden Seiten Krieger heran, darunter rechts eine junge weibliche Gestalt mit zwei Kindern. Ganz rechts erhebt eine Victoria, den Kopf nach links gewandt, einen Kranz. Im Hintergrunde links wird von bekränzten Römern ein Gestell mit den Bildern eines an einen Palmbaum gefesselten Mannes und einer sitzenden Frau getragen. Letztere Darstellung, die er auf den zu Ehren des Triumphes geschlagenen Medaillen des Vespasian und Titus fand, veranlassten Bartsch zu seiner Benennung des Blattes, und in der That erscheint sie auf zahlreichen Bronzemedaillen der beiden Kaiser, doch auch schon früher auf solchen des Augustus. Ebenso sind die Vorbilder des Kaisers mit den gefesselten Gefangenen und der Victoria auf Münzen zu erkennen. Ein interessantes Beispiel für übertrieben antikisirende Bildung bietet der von hinten gesehene Krieger rechts, dessen Panzer in einer durchaus dem Principe antiker Waffenornamentik zuwiderlaufenden Weise an der Rückseite mit zwei Sphingen geschmückt ist.

c. Mythologische Darstellungen.

8. Der Parnass. — P. 128. B. 247.

Erste Gestaltung des Raphael'schen Frescos im Vatican oder, wie Springer annimmt (Leb. Raph. u. Mich. S. 170), nach einer das Fresco frei variirenden, späteren Zeichnung eines Schülers des Urbinaten, welcher, wie Pulszky bemerkt, für den Apollo ein aus der Villa Borghese stammendes Relief des Louvre (Clarac: Mus. de scul. II, 123, N. 731: Apollo und Marsyas) oder die ähnliche Figur auf dem vaticanischen Musensarkophag (Mus. Pio Clem. IV. T. 14) benutzte. Derselbe Typus kehrt auf einem Relief der Gallerie Giustiniani und dem des Palastes Doria (Gerhard: Ant. B. 85, 1) wieder. Auf einer Federzeichnung zu der links von dem Gotte befindlichen Muse, die aus der Sammlung des Prinzen von Ligne stammt und jetzt in der Albertina aufbewahrt wird (Scuola Rom. Portfol. VA, 262), finden wir die Gewandung der Ariadnestatue des Vatican nachgebildet, wie bereits Passavant richtig gesehen. Der veränderte Apollo des Frescos zeigt einen schon der Frührenaissance, namentlich in Oberitalien ganz eigenthümlich gewordenen Typus des Gottes, den wir auch in Conrad Celtes' quattuor libri amorum und auf einer Zeichnung Dürers im British Museum vom Jahre 1507, wie auf venetianischen Holzschnitten finden (vergl. z. B. die Ovid-

Ausgabe von 1519). Der Gott sitzt hier en face mit etwas gesperrter Beinhaltung und spielt die Violine. Eine Modification dieser Darstellung ist der sitzende, im Profil gesehene Apollo, welcher das eine Bein aufstützt. (Vergl. Stiche des Nicoletto da Modena B. 53 und des Benedetto Montagna B. 25.)

Erwähnen möchte ich noch, dass Hermann Grimm eine Uebereinstimmung des Apollo und der Muse auf dem Fresco mit einem pompejanischen Wandgemälde und ähnliche Motive auf geschnittenen Steinen gefunden hat. (Leben Raf. S. 300).

9. *Jupiter.* — P. 129. B. 253.

Der Gott, der mit der erhobenen Rechten den Blitz zu schleudern im Begriffe steht, in der Linken das Scepter hält, bewahrt in der Form des Blitzes und dem Typus des Kopfes die Reminiscenz an die Antike. Modern gedacht ist das flatternde Gewand. Man hat ihn sich jedenfalls als die Giganten bekämpfend vorzustellen.

10. *Vulcan in der Schmiede.* — P. 132. B. 326.

Nach Timoteo Viti. Der Gott schmiedet nach links gewandt stehend einen Köcher, während die links sitzende Venus scherzend über Amor einen Pfeil hält, nach welchem dieser vergeblich langt. Rechts sieht man den Heerd mit hohem Feuerschlote. Mit der Schmiede des Vulcan beschäftigen sich zahlreiche, namentlich norditalienische Stiche des XV. Jahrhunderts und es kann wohl kein Zweifel sein, dass die Compositionen auf antike Anschauungen zurückgehen. Gewöhnlich erscheint der Gott sitzend, wie wir ihn und Daedalus öfters auf alten Gemmen finden. Das novellistische Element, das in dem Verhältniss des hinkenden, garstigen Feuergottes zur Venus liegt, musste die Kunst der Renaissance sehr anmuthen, während es der Antike ferner lag, welche Scenen, wie die Verfertigung der Waffen für Achill vorzog. (Vergl. für die alten Darstellungen des Vulcan: Blümner, de Vulcani in veteribus artium monumentis figura.) Auch unser Stich trägt vollkommen modernes Gepräge.

11. *Der Dornauszieher.* — P. Schule 136. B. 465.

Das Blatt ist durchaus in der frühen Manier Marcantons gestochen und schwerlich ein Schulwerk, wesshalb ich es bereits hier bespreche. Der auf einer Erhöhung an einem Baume nach rechts gewandt sitzende Knabe hat das rechte Bein in die Höhe gezogen und hält den am Spanne verwundeten Fuss mit den beiden langausgestreckten Armen über dem linken Knie. Der Lufthintergrund ist in nach oben oval abgeschlossener Weise in höchst unmotivirter Art schattirt, so dass man sich unwillkürlich nach der Veranlassung fragt. Das Motiv, aber nicht die Haltung ist der capitolinischen Statue verwandt. Nun zeigt ein Stich Nicolettos da Modena (B. 67), bezeichnet tempusate den Dornauszieher ganz ähnlich. Auch hier ist das rechte Bein in die Höhe gezogen. Der rechte den Fuss haltende Arm ist theilweise durch dasselbe verdeckt, aber im Wesentlichen entspricht die Haltung der Figur Raimondis. Das gemeinschaftliche Vorbild glaube ich in einem geschnittenen Sardonix in Florenz (Mus. Fiorentinum II, XXXIX. 5) gefunden zu haben, dessen Zeichnung genau mit der des Nicoletto übereinstimmt. Aus dessen ovaler Form erklärt sich dann vielleicht auch die Schattirung des Hintergrundes auf dem Marcanton'schen Stiche, welche einfach die Umrisse des Steines wiedergiebt.

12. *Das Parisurtheil.* — P. 137. B. 245.

Nach einer Zeichnung Raphaels. Copien: Zwei schon von Bartsch angeführte, ferner ein alter italienischer Holzschnitt (Landon N. 188) und eine Radirung von Stephanus du Pérac (Brulliot: Monogr. I, n. 1611). Copien einzelner Theile: Venus mit Amor: Marcanton B. 260. Die sitzende, herausschauende Nymphe: Marcanton B. 257. — Venus mit Amor und Minerva: Marcanton B. 310. — Flussgott B. XIV, 214. P. Schule 88. — Zeichnungen: Paris und die Göttinnen im Louvre, Mercur und die Göttinnen im Besitze Posonyis erwähnt Rueland (Catalog 130).

Die nackte, sitzende Paris übergiebt der vor ihm stehenden Venus, an die sich Amor schmiegt und die von einer heranfliegenden Victoria bekränzt wird, den Apfel. Hinter Venus steht mit der Rechten nach links weisend Hera, die von dem hinter Paris hervortretenden Mercur aufgefordert wird, zum Olymp zurückzukehren, während die vom Rucken gesehene Pallas vorn in der Mitte im Begriffe ist, das Gewand wieder umzunehmen. Links im Mittelgrund sitzen drei Nymphen, rechts befindet sich eine Gruppe von zwei lagernden Flussgöttern und einer sitzenden, herausschauenden Nymphe. Im oberen Theil des Blattes sieht man rechts Zeus, an dessen Bein sich eine Frau schmiegt und hinter dem Luna und eine andere Göttin stehen, mit Blitz und Scepter auf dem vom Uranos ausgespannten Tuche sitzen. Ihm nahen sich die beiden Dioskuren auf ihren Rossen und der vom Thierkreis umgebene Helios auf seiner Quadriga.

Die alte Erzählung, Raphael habe für diese Composition ein Relief benutzt und dasselbe dann, um die Ehre für sich zu behalten, zerstört, ist theils bestätigt, theils glänzend widerlegt worden. Noch Sandrart weiss, dass der Stich „nach dem bekannten Basrelief, so noch bei dem Palazzo di Medici in Rom zu sehen ist" gemacht sei (T. A. I, II Hpth. 2, S. 205), dann ging die Kenntniss davon verloren, bis Jahn es von Neuem constatirte (Ber. der sächs. Ges. d. W. 1849, S. 55 ff.) und in seiner Untersuchung nachwies, wie Raphael zwar in der Hauptsache das Mediceische, in Einzelnheiten aber, wie den drei Nymphen, Paris und der Venus mit Amor, ein Relief der Villa Pamfili reproducirt habe. Nach dem Stiche wurde das Relief der Villa Ludovisi restaurirt (Braun: annali dell inst. XIII, p. 89 f. Benndorf: arch. Vorlegebl. Serie A, Taf. XI, 3). Die obere Parthie des Blattes ist fast getreu nach dem Medicirelief, während von der Mittelgruppe nur Nike und die Haltung des Paris an dasselbe erinnern. Venus und Amor, der Hund und der Pfau zeigen Verwandtschaft mit dem Sarkophag der V. Pamfili. Von den drei Nymphen möchte ich das nicht so bestimmt, wie Jahn, behaupten, da sie sich mehr denen des Medicireliefs nähern. Ganz eigenthümlich sind Raphael die Figuren des Hermes, der Hera, des Flussgottes rechts und der Athena. In letzterer könnte man allerdings auch eine Reminiscenz an antike Darstellungen von badenden Frauen erkennen, welche wiederholt eine ganz ähnliche Haltung zeigen. (Vergl. Arch. Zeit. 1858, Taf. CXVIII.) Für den Flussgott hat man bis jetzt kein antikes Vorbild finden können; Raphael hat das Motiv seiner Stellung, wie H. Grimm und Pulszky nachgewiesen haben, mehrfach angewandt. „Heliodor auf dem Vaticanischen Fresco; Jüngling in der Handzeichnung zur Kampfscene, die unter der Apollostatue der Schule von Athen angebracht ist (Passavant: Raph. II, N. 508. — Robinson 73); Ananias auf dem Tapetencarton im Southkensington Museum; Soldat auf den Studienblättern zu einer Resurrection in Oxford (Rob. 134, 135, 136).

Durch sehr einfache Mittel ist das Relief in eine malerische Composition verwandelt worden, ein Beweis einerseits für die Meisterschaft Raphaels, andererseits für die malerische Anlage des Reliefs selbst. Die Landschaft, die Verkürzung in der Gestalt des Flussgottes und die Verlegung der drei Nymphen in den Mittelgrund haben als Hauptmomente genügt, aus dem Nebeneinander ein Hintereinander zu machen. Aus der gedrängten, mit Figuren dicht besetzten Sculptur später römischer Kunstübung ist so eine freie, reizvolle Renaissancecomposition entstanden. Bedenkt man, dass die erstere wiederum auf einfachere, griechische Schöpfungen zurückzuführen ist, so haben wir hier eine höchst merkwürdige Entwicklung vor uns, eine Wiedergeburt des Alterthums in der That im edelsten Sinne des Wortes. Zu wessen Gunsten eine Vergleichung des griechischen Originales mit der Raphael'schen Zeichnung ausfallen würde, ist nicht leicht zu sagen.

Zu den in Codex Pighianus (Jahn N. 203 f. 239) und im Codex Coburgensis (Matz N. 200.) gegebenen Abbildungen der beiden Reliefs gesellen sich im XVI. Jahrhundert für das mediceische noch zwei andere, schon von Pulszky erwähnte (a. a. O. S. 24 f.):

Ein anonymer Stich in dem Kupferstich-Cabinet in Pest und ein Blatt Giulio Bonasone's (B. XV. S. 143. N. 112), welche die Antike getreuer, als Raphael wiedergeben.

Von dem Marcanton'schen Stiche sind folgende Darstellungen abhängig:

Meldolla (B. 80), Giulio Bonasone (B. 134), G. Ghisi (in der Mittelgruppe; nach der Erfindung Bertanos di Mantua), Despeches (B. XVI, S. 404, N. 72 Schule von Fontainebleau, nach Lucas Penni, dessen Zeichnung sich im Louvre unter N. 1395 befindet). Sein Einfluss auf zahlreiche Gemälde bis auf Rubens, ja die neueste Zeit herab, ist erst noch nachzuweisen.

13. *Quos ego.* — P. 138. B. 352.

Nach einer Raphael'schen Zeichnung, die von H. Reveley im Besitz des Lord Hampton erwähnt wurde, jetzt aber verloren ist. (Rueland: Catalog S. 126.) Das mit verschiedenen Darstellungen aus dem ersten Buche der Aeneis geschmückte Blatt stellt als Hauptbild Neptun auf seinem Viergespann dar. In der Mitte oben befindet sich vom Thierkreis umgeben die Aussendung des Mercur, der in der Linken das Kerykeion, mit der Rechten nach unten weisend, im Begriffe steht, dem Befehle des Zeus zu gehorchen. Dieser auf einem vom Adler getragenen Boden sitzend, die Rechte am Scepter, die Linke mit Blitz im Schoosse, hört auf die links mit erhobenen Handen ihn anflehende, bekleidete Venus, an welche sich Amor schmiegt. Die Composition ist getreu einem antiken, geschnittenen Steine entlehnt, welchen Montfaucon als im Besitze des M. Bourdaloue publizirt (ant. ex. Suppl. I, XVII) und dessen Darstellung er auf die Tage: Mittwoch, Donnerstag und Freitag bezieht, im Gegensatze zu denen, welche den Stein zuerst abgebildet und mit jener Scene der Aeneis in Verbindung gesetzt hatten. Mit den früheren Abbildungen meint er wohl die unsrige und die von Passavant erwähnte, mir unbekannte des Giov. Ant. da Brescia Raph. d'Urb. II, S. 577).

14. *Venus dem Aeneas erscheinend.* — P. 140. B. 288.

Angeblich nach Francia. An einem Pfeiler vor einem Gebüsch sitzt halb nach rechts gewandt, mit gesenkten Armen der gewappnete Aeneas und hört den Worten der links stehenden, bekleideten Göttin zu, welche in der Rechten einen Pfeil hält und die Linke auf seine Schulter legt. Die Composition entspricht im Allgemeinen antiken Darstellungen des Mars und der Venus, wie ich deren eine auf einem Thronrelief bei Campana (op. in pl. Tav. CIV) finde. Die Gewandung und die Haltung im Einzelnen ist verschieden, doch schliesst die gleiche Gruppirung der Figuren an dem Pfeiler wohl den Gedanken einer ganz zufälligen Uebereinstimmung aus.

15. *Venus das Bad verlassend.* — P. 141. B. 297.

Nach Raphael. Wiederholt von Marcanton selbst, von Wierx 1563, von A. Altdorfer (B. 34), von H. S. Beham (B. 80), von F. C. mit der Marke Dürers und in zwei Gemälden im Museum des Haag und bei Stroganoff. Eine Rothelzeichnung in Turin erwähnt Rueland (Catalog S. 127) und bemerkt dabei: apparently for a Venus crouching, perhaps from the antique. — Venus trocknet sich in gekrümmter Haltung sitzend das mit der linken Hand gehaltene und über das rechte Knie gelegte Bein, während Amor, die rechte Hand zum Kopf erhoben, in der gesenkten Linken den Bogen nach rechts schreitet. Die Anregung zu diesem Bilde verdankt der Künstler wohl dem auf Gemmen und in anmuthigen Bronzen auf uns gekommenen, beliebten antiken Typus der sich beschuhenden Aphrodite. Man vergleiche vor Allem die beiden in Florenz und Neapel befindlichen Statuen (Clarac 603, 1327 und 604, 1351), dann die Gruppen von Venus und Amor bei Vaccarius (I, 61: in aedibus Vallensibus) und im Museum Odescalchum. Ein im Katalog von Fisher publicirter, mit L bezeichneter, italienischer Stich: Mars, Venus und Amor benutzt für die Göttin denselben Typus.

16. *Venus und Amor.* — P. 142. B. 311.

Nach einer im Besitze von Frau Grahl in Dresden befindlichen Zeichnung Raphaels. Eine andere Silberstiftzeichnung dazu, auf welcher bloss Venus ausgeführt ist, erwähnt Rueland im Besitze des H. Malcolm Esquire (a. a. O. S. 127. Malcolm Catalog of a coll. of draw. S. 74. N. 190). Wiederholungen von H. Hopfer B. 24, Jan Episcopius, Gottfried Muller, Landon N. 183 und auf zwei Gemälden in Florenz und im Besitze des Herrn Beck in Dessau. Die statuarisch aufgefasste, nackte Venus fasst en face stehend mit beiden Händen den links auf einer Erhöhung befindlichen und nach rechts gewandt an der Mutter sich haltenden Amor am Kopfe. — J. Episcopius giebt in seinem Statuenwerke (N. 76) diese Gruppe in einem von Passavant für eine Copie gehaltenen und mit Poel d Poelenburg delineavit bezeichneten Stiche wieder und bemerkt dazu: Venus et Cupido in hortis Abbatis Peretti, ut quidam tradunt. Aus derselben Sammlung bringt er noch eine Vestalin (N. 34). Sollen wir nun eine statuarische Gruppe als Vorbild des Stiches annehmen oder nicht? Ich glaube ja. Poelenburg hat eine Reihe von Statuen für Episcopius in Rom gezeichnet, die dieser dann stach. Es ist doch sehr unwahrscheinlich anzunehmen, dass der Zeichner einfach eine Raphael'sche Composition seinem Auftraggeber eingeschickt habe, ohne dass deren Abhängigkeit von einem plastischen Werke bekannt gewesen sei. Andrerseits fällt der Widerspruch zwischen dem „Poel. del" und dem Umstande, dass Poelenburg offenbar den

Marcanton'schen Stich benutzt, ja copirt hat, auf. Der einzige Unterschied beruht darin, dass der im Schatten gehaltene Kopf des Amor bei Marcanton im Profil, bei Episcopius en face erscheint. Aus welchem Grunde aber trat der Zeichner als Vermittler zwischen den beiden Stechern ein? Warum copirte Episcopius nicht einfach selbst den alten Stich? Man kann sich das Verhältniss, glaube ich, kaum anders erklären, als so: es gab in Rom eine statuarische Gruppe, die schon Marcanton reproducirt hatte. Der im Auftrage des Episcopius arbeitende Poelenburg aber machte sich die Sache leicht und benutzte, statt nach der Statue zu zeichnen, die alte Publikation.

Ob die vorausgesetzte Gruppe nun aber ein antikes oder modernes Werk war, ist natürlich schwer zu entscheiden. Die Behandlung der Form spräche mehr für das letztere.

17. *Venus dem Meere entstiegen.* — P. 143. B. 312.

Die Göttin steht nackt, nur mit Sandalen an den Füssen versehen und mit einer Stephane geschmückt vor einem Baume am Gestade des Meeres und ringt mit beiden Händen ihre nassen Haare aus. Zweifellos wurde der Künstler zu dieser Composition von Beschreibungen, die uns alte Schriftsteller von dem berühmten Gemälde des Apelles, der für den Asklepiostempel zu Kos gefertigten und später von Augustus nach Rom gebrachten Aphrodite Anadyomene machen, inspirirt. Die poetischen Schilderungen Ovids insbesondere, die den Moment veranschaulichen: Nobile signum, nuda Venus madidas exprimit imbre comas (ars amat. III, 218. Vergl. auch Trist. II. 525; Ex Ponto IV, 1, 29; Fast. IV, 139) mögen die Idee hergegeben haben, möglich aber zugleich, dass für die Gestaltung derselben ein antikes Denkmal bestimmend wurde. Es finden sich in der That unter den zahlreichen, den Typus wiedergebenden alten Monumenten vier, welche gleich unserm Stiche die Göttin zeigen, wie sie mit beiden Händen das feuchte Haar auf einer Seite des Kopfes ausringt, während sie meistens dasselbe auf beiden Seiten oder nur mit einer Hand erfasst. (Vergl. Stephani: Comte rendu 1870. S. 45 ff. und 1873, S. 6 ff.) Es sind dies eine ehemals in der Sammlung Pourtalès Gorgier befindliche Statue (Clarac 619, 1390 A), ein Gypsabguss in der Petersburger k. Akademie der Künste, ein Terracottagefäss im Louvre (Campana oper. in plast. Tav LIV) und ein Jaspis in Florenz (Gori: Gemm. Mus. Flor I, Tab. 82, 3; Wieseler: Denkm. II, 288). Die Aphrodite Marcantons entspricht keinem dieser Werke genau und es lässt sich daher nicht mit Bestimmtheit sagen, ob er überhaupt eines derselben benutzt hat. Eine zufällige Uebereinstimmung wäre hier wohl denkbar, wenn nicht die Stephane, die von keiner literarischen Quelle erwähnt wird, wohl aber sich wiederholt auf den antiken Darstellungen findet, dennoch wenigstens eine Reminiscenz an eine solche fast nothwendig erscheinen lässt, aber auch nur eine Reminiscenz, da die vollen, allzubreiten Körperformen der Göttin ganz modern gedacht sind und die Annahme einer getreuen Nachahmung der Antike ausschliessen.

18. *Venus kauernd mit Amor.* — P. 144. B. 313.

Angeblich nach einer Zeichnung Mantegnas 1506 gestochen. Die Göttin kniet nackt auf dem rechten Bein, auf das sie ihre linke Hand legt, während die rechte zur linken Schulter erhoben ist, in der Nähe des Meeres in einer Landschaft. Auf einem Pfeiler an ihrem Rücken steht Amor in schwebender Stellung, wie im Begriffe, sie zu umhalsen. Wir haben hier die genaue Reproduction einer der zahlreich auf uns gekommenen, kauernden Aphroditestatuen. (Bernouilli: Aphrodite habe ich leider nicht zu Rathe ziehen können). Einige derselben zeigen die Göttin mit Amor gruppirt, so eine von Aldovrandi im Palazzo Farnese erwähnte (a. a. O. S. 149), jetzt in Neapel befindliche, welche bei Vaccarius (I, 23 und II, 28, hier mit Bogen und Pfeil in der Hand) und bei de Cavalleriis (II, 63 mit Bogen) als Venus Corollaria abgebildet ist. Der Stich des Episcopius (77) giebt nicht, wie derselbe meint, die farnesische, sondern eine Statue der Gallerie Giustiniani (Clarac 627, 1413 A) wieder und zeigt den Amor nicht. Es ist sehr wahrscheinlich, dass der Künstler die Neapeler Gruppe benutzt hat, nur hat er den Amor auf dem Boden stehenden und den Rücken der Mutter umschlingenden Knaben auf einen Pfeiler versetzt, dabei aber dessen Armhaltung beibehalten. Die Ergänzung des Bogens in der Hand der Göttin ist vielleicht erst spätere Zuthat. Wie Pulszky den antiken Typus hier „ganz raphaelisch geworden" nennen kann, ist mir nicht recht verständlich. Von Raphaels Stil und Formengebung kann ich Nichts in dem Blatte entdecken.

19. *Der Apollo aus der Schule von Athen.* — P. 165. B. 334. (Copie: B. 335.)

Angeblich nach einer Zeichnung Raphaels. Der Gott, in der Linken die Cither, die Rechte auf einen Baumstumpf, um den sich eine Schlange windet, und auf dem das von der linken Schulter im Rücken herabfallende Gewand aufliegt, gestemmt, stützt den rechten Fuss auf einen Stein und schaut halb nach links. Nachdem schon Hermann Grimm (Leb. Raph. S. 286) ein antikes Vorbild vermuthet hatte, wies Pulszky (a.,a. O. S. 36) auf die Gemme Lorenzos di Medici mit der Darstellung des Apollo und Marsyas hin (abgeb. Mus. Flor. I, LXV, 9. Müller-Wieseler: D. d. K. II, XIV. 151), die im XVI. Jahrhundert in Bronzenachgüssen verbreitet gewesen und von Raphael auch in den Loggienstuccos verwendet worden sei. Ist auch eine gewisse Verwandtschaft zwischen den beiden Werken nicht abzuleugnen, so zeigen sie doch auch wesentliche Verschiedenheiten. Ich möchte das Vorbild Raphaels lieber in einem den Apollo in Stellung, wie Gewandung fast ganz gleich darstellenden geschnittenen Steine in Florenz erkennen (Mus. Flor. I, LXV, 5 aus dem Mus. Bonaparte), nur der Dreifuss ist in den offenbar der vaticanischen Statue nachgebildeten Stamm mit der Schlange verwandelt worden.

20. *Herkules.* — P. 169. B. 256.

Er stützt mit der Rechten die Keule auf den Boden und trägt über den linken Arm gehängt das Löwenfell. — Der kleine Stich giebt modernisirt einen alten Herculestypus wieder, den wir im Codex Pighianus (Jahn N. 3. — abgeb. Beger spicilegium 134), sowie bei Montfaucon (ant. ex. I, 1, CXXIX) vertreten finden. Aehnlich ist auch die bei de Cavalleriis (I, 61) abgebildete Statue.

21. *Die zwei Satyrn und das Weib.* — P. 183. B. 305.

In einer Landschaft ist ein Satyr im Begriffe, eine Frau zu schlagen, welche ein anderer nach rechts gewandter auf seinem Rücken trägt und an beiden Armen festhält. Das Motiv, sowie die Stellungen der Figuren stimmen in auffallender Weise mit einer Scene überein, die sich auf einem von Giov. Bat. Franco zuerst gestochenen bacchischen Sarkophagrelief mit dem Triumphzug des Dionysos und der Ariadne findet (B. 45). Dieselbe Darstellung kehrt vereinzelt auf einem von Guattani (mon. inéd. April 1786 T. 11) publicirten Relief, welches damals im Besitze des Sammlers Jenkins war, wieder. Allerdings sind auf den Antiken die beiden aggressiven Personen Faune und der Getragene ein Satyr, gleichwohl muss man an eine Abhängigkeit des Stiches von dem zuerst erwähnten Relief glauben, da die Eigenthümlichkeit der Idee eine zufällige Aehnlichkeit unwahrscheinlich macht. Gerade hier ist uns also ein interessanter Einblick in das Vorgehen eines Renaissancekünstlers gestattet, der, indem er den antiken Gedanken beibehielt und nur den Character der Figuren vertauschte und Weniges veränderte, ein anscheinend neues Werk schuf.

22. *Bacchische Scene.* — P. 186. B. 306.

Angeblich nach einer Zeichnung Raphaels. Die Composition, die rechts den auf einem Fasse sitzenden Silen und einen vor einer Kufe knieenden Mann, im Mittelgrunde eine mit einem Fruchtkorbe auf dem Kopfe nach links schreitende Frau und links zwei einen Korb tragende Knaben zeigt, ist im Ganzen modern erfunden. Nur die weibliche Gestalt, die sich ähnlich häufig auf bacchischen Reliefs findet, bewahrt eine Reminiscenz an die Antike.

23. *Der Triumph der Galathea.* — P. 192. B. 350.

Nach dem Fresko Raphaels in der Farnesina. Direkt benutzte antike Vorbilder kann ich weder für die Göttin selbst, noch für ihre Begleitung, auch nicht auf den von Springer (Raph. u. Mich. S. 510, Anm. 39 zu S. 264) angeführten Reliefs bei Bartoli (Admiranda, Taf. 32) und Millin (gal. myth. 406) finden. Ganz im Allgemeinen not kehren hier, wie auf vielen anderen Reliefs (vergl. Clarac: Mus. de scul. 224. 206. 207. 208) die auf Seekentauren sitzenden Nereiden wieder. Gleichwohl veranlasst eine in Dresden befindliche Zeichnung des Iacopo di Barbari (abgeb. Ephrussi:

Not. biogr. sur J. d. B. 1876, welche die Gruppe des die Nymphe umschlingenden Seekentauren und daneben den von Raphael mehr in den Hintergrund verlegten blasenden, jugendlichen Triton ganz ähnlich wiedergiebt, an ein von beiden Künstlern gemeinsam benutztes Vorbild zu denken.

Ueber die Möglichkeit, dass die beiden Fresken der Farnesina: Polyphem und Galathea zusammengehörig und der Idee nach auf eine alte Polyphemdarstellung zurückgehen, siehe w. u. N. 58.

24. *Bacchus und Ariadne.* — P. 193. B. 484.

(Eine Wiederholung, aber nicht Copie von Agostino P. 51. B. 485.) Die früher von Bartsch Angélique et Medor genannte Composition, die Passavant Bacchus und Ariadne, oder besser noch Venus und Adonis zu benennen vorschlug, stammt aus den die Venusmythen behandelnden Fresken des Giulio Romano in der Villa Palatina. Eine Röthelzeichnung, die vielleicht Agostino als Vorlage für seinen Stich diente und ein Cartonstück mit dem Kopfe der Venus befinden sich in der Albertina ausgestellt. Zwischen den Knieen des jugendlichen bekränzten, sitzenden Gottes liegt in zusammengezogener Stellung mit gekrümmten Beinen die zu ihm aufschauende und die Rechte ausstreckende Frau, deren Kinn und linke Brust er leise fasst. Die Landschaft zeigt Gebüsch und Wasser im Hintergrunde. Die anmuthige Gruppe, so moderne Auffassung und frei künstlerisches Gepräge sie auch trägt, hat doch in der Antike ihre Vorgänger und mag durch Darstellungen des liebenden Zusammenseins von Bacchus und Ariadne, wie sie uns ein Relief im Vatican zeigt, angeregt sein. Bei aller Verschiedenheit der Haltung lässt sich doch ein gemeinsamer Grundton der Stimmung nicht verkennen.

25. *Venus durch einen Dorn verletzt.* — P. 288. B. 321 Copie.

(Copie von Marco Dente B. 321. Vergl. M. Thausing: M. Dente, Archiv f. z. K. XV, S. 155.) Nach Raphaels Fresko im Badezimmer des Cardinals Bibbiena. Venus sitzt nackt nach rechts gewandt auf einer mit ihrem Gewande bedeckten Erhöhung vor einer Baumgruppe. Sie hat das linke Bein in die Höhe gezogen und müht sich mit beiden Händen ab, einen Dorn aus der Sohle des Fusses zu entfernen. Rechts sitzt ein Hase. Offenbar hat dem Künstler hier das Motiv des Dornausziehers vorgeschwebt, das er in anmuthiger Weise auf eine Venus übertrug. Ob er dabei an die in griechischen Quellen (Tzetze zu Lykophron V, 831. Eudocia viol. I, 24. Choric. de rosa p. 132 sq. ed. Boiss. — Vergl. auch Natalis Comes mythol. p. 522, ed. Lugd. 1605) vorkommende Sage, „dass Venus beim Umherirren nach dem Tode des Adonis sich einen Rosendorn in den Fuss getreten und mit ihren Blutstropfen die weissen Rosen in rothe verwandelt habe", gedacht hat, ist schwer zu entscheiden. Förster macht in seinen jüngst erschienenen Farnesina-Studien (S. 91), anlässlich des wahrscheinlich von B. Peruzzi stammenden Freskos: Venus und Adonis, auf dem gleichfalls das Motiv des Dornausziehens verwerthet ist, auf jene Erzählung aufmerksam. — Man vergleiche ferner den dasselbe Sujet behandelnden Stich eines anonymen Meisters v. J. 1532 in Paris (bei Landon 347), sowie das Blatt des Meisters mit dem Würfel B. 16.

26. *Die Parfumbüchse für Franz I.* — P. 278. B. 489.

Angeblich nach einer Zeichnung Raphaels (Copien bei Bartsch: A und B). Es ist dies der Profumiere, den Vasari (Vite IX, S. 275) als Werk des Agostino Veneziano anführt. Zwei auf dreisitziger, mit Widderköpfen geschmückter Basis stehende und sich an den Händen fassende Frauen halten mit den anderen Händen einen mit Salamandern und Lilien verzierten, rundbogig geschlossenen Aufsatz auf ihren mit Tüchern bedeckten Köpfen. Wie die dritte Seite gedacht war, ist nicht recht ersichtlich, es müsste denn eine ganz isolirte, dritte Gestalt angenommen werden. Die Idee der Composition mag gleichwohl auf die antiken, dreigestalteten Chariten- und Hekatebilder zurückgehen, die wir häufig als Schmuck von Pfeilern, Stämmen oder Hermen finden (vergl. Gerh. Ant. Bildw. CVII, 31, 32, 33. Arch. Epigr. Mitth. aus Oesterreich IV, p. 145 ff. Taf. III—VII.) Eine Nachbildung des Profumiere zeigt der obere Theil eines Kandelabers, der auf einem zu einer Suite von vier Stichen gehörigen Blatte Enea Vicos (B. 491) abgebildet ist und nach diesem von Sandrart, der ihn wahrscheinlich irrthümlicher Weise für ein antikes Werk ansah, reproducirt wurde (T. A. II, I. S. 65 als Schlussvignette).

2. Agostino Veneziano.
a. Historische und mythologische Darstellungen.

27. *Cleopatra.* — P. 34. B. 198.

Nach der Zeichnung eines Schülers von Raphael, bez. 1528. An einer Säule liegt mit nacktem, aufgerichteten Oberkörper Cleopatra, in deren Brust eine um ihren linken Arm sich schlingende Schlange beisst. Neben dem links befindlichen Altar, an welchen ein Köcher und Bogen gelehnt sind, steht, beide Hände vor dem weinenden Gesicht, Amor. Die Composition ist einem Stiche des Meisters von 1515 entlehnt. B. XIII, S. 415, 12. Eine ganz ähnliche Darstellung auf einem anderen Blatte desselben führt Passavant im British Museum an. V. S. 90, N. 37. Cleopatra erscheint hier in derselben Stellung, aber nackt, Amor fehlt und statt des Altares findet sich eine Herme. Die weibliche Figur gleicht in auffallender Weise, von unbedeutenden Einzelnheiten abgesehen, der Iphigenie auf der schönen Marmorvase in Florenz, welche die Opferung Iphigeniens in Aulis als Relief trägt und zu Bartolis Zeit als ein Phidias würdiges Werk in den Gärten der Medici bewundert wurde. (Abgeb. Bartoli: Admir. T. 18 u. 19. Montfaucon: ant. exp. II, 1, XXXIV. Millin: Gal. myth. CLV, 556.) Wenn sich eine Entlehnung auch nicht mit Bestimmtheit behaupten lässt, so muss doch die Uebereinstimmung mit dieser, ähnlich auch für die Furien angewendeten antiken Haltung, betont werden.

28. *Bacchische Scene.* — P. 41. B. 215,

bezeichnet 1528. Dem von einem Satyr, einem Faun und einem Knaben getragenen Silen eilt eine die Pauken schlagende Bacchantin voran, während rechts ein Knabe mit einem Gefass auf der Schulter folgt. — Scenen des fröhlichen Dionysischen Treibens, die in so zahlreichen Reliefs aus dem Alterthume auf uns gekommen sind, spielen auch in der Kunst der Renaissance eine grosse Rolle. Man hat sich ebenso häufig an antike Vorbilder gelehnt, als der eigenen Phantasie, die sich auf diesem Gebiete recht nach Herzenslust ergehen konnte, die Zügel gelassen. Gerade hier ist es besonders schwierig, die Benutzung alter Denkmäler nachzuweisen, da antike Motive meist mit neuen, aber ganz im Geiste der Antike erfundenen so verquickt sind, dass eine Unterscheidung höchst schwer fällt. Unzweifelhaft steht mit unserm Stiche ein geschnittener Stein (Casaubonus: de Satyrica Graecorum et Romanorum poesi 1605, p. 67. Montfaucon: ant. expl. Suppl. I, LVI; du cabinet du roi) in Zusammenhang, der die Hauptgruppe, sowie die Bacchantin fast getreu wiedergibt, dazu aber noch einen zweiten Eros mit Ziegenbock, einen Flötenbläser und eine Frau, die eine Traube hochhält, fügt, unzweifelhaft aber modern ist. Die Mittelgruppe findet sich ähnlich auf dem Sarkophag Braschi in München Müller-Wieseler II, 36, 422), auf einem vaticanischen (Mus. Pio. Clem. IV, 24) und auf einem Relief bei Guattani (Mon. ined. 1786, April, T. III).

29. *Bacchische Scene.* — P. 42. B. 240.

Vermuthlich nach einer Zeichnung Giulio Romanos. In der Mitte reitet Silen auf zwei Faune gestützt, von denen der eine Maske hält. Rechts davon giesst ein Faun einem anderen am Boden sitzenden aus einem Schlauche ein. Links lassen ein sitzender Eros und ein Satyr, der in der Rechten eine sein Glied anbeissende Schlange hält, einen Ziegenbock durch einen Reifen springen, dahinter eilen eine die Pauken schlagende Bacchantin, eine Frau mit Fruchtkorb auf dem Kopf und ein Knabe nach rechts. Im Hintergrunde sieht man ein Haus, zwei kelternde Satyrn und eine Herme. — An ein bestimmtes Relief als Vorlage ist wohl nicht zu denken, obgleich nahezu alle einzelnen Motive auch auf antiken Darstellungen vorkommen. Die Gruppe des Silen erinnert, wie Pulszky richtig bemerkt, an das früher für alt gehaltene, jetzt als moderne Arbeit erkannte Relief des Musée Napoléon I. (abgeb. Clarac 138, 155).

30. *Tanz von Faunen und Bacchantinnen.* — P. 43. B. 250.

Copien: Von der linken Hälfte A von Marcanton, die von Bartsch B bezeichnete und eine von der linken Seite unter Enea Vicos Namen bei Landon IV, 210. Zeichnungen zur linken Seite:

eine dem G. B. Franco zugeschriebene im Louvre, welche Gerard Audran (Dumesnil 180° und Landon (IV, 210) gestochen hat (Reiset: dessins du Louvre S. 68 N. 215); zur rechten Seite eine dem Raphael zuertheilte in der Albertina in Wien Sc. Rom. Portf. V A. N. 260) und eine Wiederholung derselben in Landon Passavant: Raph. d'Urb. II, S. 493 o). An der Spitze des Zuges ganz rechts eilt ein das Doppelhorn blasender Faun, dem eine die Cymbeln hochhaltende, halb von hinten gesehene Frau folgt, dann ein die Syrinx blasender Knabe, eine in der erhobenen Rechten ein Tambourin haltende Bacchantin, ein die Doppelflöte blasender Faun und zum Schluss eine Frau, die ein Gewand über dem Kopfe schwingt. Die Wiederholung der Darstellung in dem Speculum spricht dafür, dass wir in ihr die Reproduction eines antiken Reliefs zu sehen haben, Einzelheiten aber, namentlich der das Horn blasende Faun, den die Antike nicht kennt, dagegen. Möglich, dass Pulszky Recht hat, wenn er das frei veränderte Vorbild in einer Antike des Vaticans Mus. Pioclem. IV. 29. 30) sieht, auf die er die Stellungen namentlich der drei Faune ähnlich wiederkehren, die Armhaltungen und die Instrumente jedoch ganz verschieden sind. Eine endgültige Entscheidung ist bis jetzt noch nicht möglich.

Dass die Zeichnung der Albertina dem Stecher für die rechte Seite der Composition als Vorlage gedient hat, geht aus einer Vergleichung auf das Bestimmteste hervor. Den schlagenden Beweis dafür liefert der Umstand, dass er ein Pentimento gründlich missverstanden hat, indem er nämlich aus dem einfachen, gewundenen Horne des jugendlichen Faunes, das eine fremde Hand mit einem lichteren Röthel noch einmal in etwas veränderter Lage hineincorrigirt hat, ein Doppelhorn machte. Auch sonst geht die Abhängigkeit des Stiches von der Zeichnung deutlich aus Kleinigkeiten hervor: so sind überall die Hände, wo sie auf letzterer ungenau gegeben sind, vom Stecher in höchst roher und der sonstigen künstlerischen Freiheit sehr widersprechender Art copirt worden. Um die Figuren näher zusammenbringen zu können, hat er die Stellung der beiden Faune vertauscht, war aber auch so noch gezwungen, das Doppelhorn, um eine Collision mit dem rechten Arme der Bacchantin zu vermeiden, in unschöner Weise nach oben zu biegen. Dass Marcanton, wie Passavant will, die drei andern Figuren selbst hinzugefügt, ist durchaus nicht anzunehmen. Ohne Zweifel diente ihm für die linke Seite die Pariser Zeichnung als Vorlage. Er vertauschte die Stellung der beiden Bacchantinnen, liess bei dem Faune das Gewand und das Schwänzchen weg und veränderte bei der rechts befindlichen Frau die Haltung des Armes mit dem Kranze. Die Veranlassung dazu ist noch deutlich ersichtlich. Agostino hatte ursprünglich die zwei Platten, in die er die gesammte Composition stach, nicht getrennt behandelt, sondern den ausgestreckten Arm, sowie den unten vorspringenden Theil des Gewandes auf die Platte rechts hinübergeführt. Noch sind die Umrisse, die der Pariser Zeichnung entsprechen, deutlich zu sehen. Beim Drucke nun mochte sich die Unmöglichkeit, die beiden Hälften der Darstellung genau aneinanderzuschliessen, herausstellen, und so sah sich der Stecher veranlasst, den rechten Arm der Bacchantin zurück und nach oben zu biegen und das Ende des Gewandes wegzulassen, wodurch die Isolirung der Platten erreicht wurde. An die Stelle des nun nicht mehr passenden Kranzes setzte er ein Tambourin. Diese Untersuchung ergiebt zugleich mit Evidenz, dass der Stich Marcantons, den Passavant für das Original hielt, eine Copie nach Agostino ist, da er getreu die endgültige, veränderte Composition reproducirt, ohne für die Umwandlung, wie Agostino, eine Erklärung zu geben.

Die Vermuthung, dass beide Röthelzeichnungen von der Hand G. B. Francos herrühren, von dem wir wissen, der zahlreiche Antiken mit der Absicht, sie zu stechen, zeichnete, hat viel für sich. Gegen Raphael spricht vor Allem der bei diesem ganz ungewöhnliche, hier angewandte dunkle, bräunliche Röthel. Unwillkürlich aber drängt sich die Frage auf, ob wir nicht vielleicht in der erwähnten Correctur, die den lichten Röthel und die breite Handform des Urbinaten zeigt, eine Verbesserung des Meisters selbst erkennen können. Offenbar giebt eine dritte Zeichnung (im Louvre: Reiset N. 214), welche gleiche Behandlung und dasselbe Format zeigend von demselben Meister, wie die besprochenen herstammt, aber nicht gestochen worden ist, eine Ergänzung der Composition. Wir sehen auf ihr in schreitender Bewegung nach rechts hin, links eine Bacchantin, welche mit beiden Händen ihr flatterndes Gewand fasst und nach oben schaut, rechts einen Faun, der dem Beschauer den Kopf zuwendend in den ausgestreckten Armen ein Tambourin hält, und von dessen linker Schulter ein kurzes Gewand herabfällt. Mehr noch, wie bei den im Stiche wiedergegebenen Figuren fällt hier die dem modernen Geschmack entsprechende Umwandlung antiker Motive, namentlich was die Gewandbehandlung betrifft, auf.

Der Knabe mit dem Doppelhorn ist später in einem Stiche der Schule von Fontainebleau, welcher einen Bacchuszug darstellt und zu einer in der Albertina befindlichen Suite von sechs kreisrunden Blättern gehört, verwandt worden.

31. *Venus auf einem Delphin, von Amor begleitet.* — P. 47. B. 239.

Eine Wiederholung mit Marco Dentes Monogramm in der Albertina) Venus in halb aufrechter Stellung auf einem Delphin, auf dessen Kopf sie den linken Ellenbogen stützt, hält ein segelförmig über ihrem Haupte wehendes Gewand und schaut auf den mit einer Fackel ihr nachfliegenden Amor. In der Luft ein Schmetterling. Eine freie Umwandlung antiker Motive, wie sie wiederholt auf Sarkophagreliefs vorkommen (Vergl. z. B. für die Haltung der Göttin Clarac 207, 198 und Taylor Combe: Ancient Terracottas in the British Mus. N 17.)

32. *Venus in der Schmiede Vulkans.* — P. 50. B. 349.

bezeichnet Raph. urb. dum viveret inven., mit Monogramm und 1530. Nach der Composition Raphaels für Battiferri. Auf einem Lager sitzen Vulcan und Venus neben einander. Die letztere greift mit der Rechten nach Früchten, die ihr zwei links stehende Eroten in einer Schale hinhalten, während sie mit der Linken aus dem Köcher eines den Bogen spannenden Amors einen Pfeil nimmt. Ein anderer Putte sitzt am Boden, ein fünfter bringt ein Gefäss, mehrere sind im Hintergrund beim Heerdfeuer beschäftigt. — Das Motiv des bogenspannenden Amor ist dem in zahlreichen Statuen auf uns gekommenen antiken Typus entlehnt, freilich in freier Weise verändert. Der schlanke Jüngling hat sich in einen dicken, pausbackigen Jungen verwandelt. (Vergl. z. B. die Statue der Villa Albani, Clarac IV. 644 B, 1471 C. — s. Schlussvignette.)

33. *Bacchus und Ariadne* — P. 51. B. 485.
S. Marcanton II. 24.

34. *Das Bad der Psyche.* — P. 58. B. 237.

Copie eines Blattes der Psychedarstellungen des Meisters mit dem Würfel, die dieser nach Zeichnungen Michel Coxcies stach. Vier Frauen sind nach dem Bade mit ihrer Toilette beschäftigt: die eine blickt trocknet sich den Kopf, die zweite ringt sitzend ihre Haare aus, die dritte kauernd hält ein Salbgefäss, während die vierte sich den Fuss trocknet. Im Hintergrunde sieht man eine fünfte im Bett. Erkennt man in der einen Figur unschwer die Nachahmung der kauernden Venus, so hält sich der Künstler bei der anderen den Fuss trocknenden an den Typus der sich beschuhenden Aphrodite. (Vergl. N. 15).

35. *Lycaons Verwandlung in einen Wolf.* — P. 61. B. 244.

Zu dem rechts auf einem Ruhebette liegenden Jupiter schreitet von links, ein Beil auf der linken Schulter tragend, Lycaon mit Wolfskopf heran. In der Landschaft links hinten sieht man einen Löwen und zwei Wölfe. Zeus ist offenbar einem alten Flussgotte nachgebildet; namentlich mit dem in jener Zeit lebhaft bewunderten und wiederholt abgebildeten Nil zeigt er entschiedene Aehnlichkeit.

36. *Herkules erwürgt in der Wiege die Schlangen.* — P. 63. B. 315.

Erschreckt sehen die erwachten Eltern von ihrem Lager im Hintergrunde rechts aus, wie der auf seiner Wiege sitzende Knabe die zwei Schlangen mit den Händen erwürgt. Wahrscheinlich nach einer Zeichnung Giulio Romanos, dem für seinen Herkulesknaben offenbar alte Statuen vorschwebten, wie wir sie bei de Cavalleriis (II, 38. 39.) und Clarac (auf den Tafeln 781, 782, 783, vergl. besonders 783, 1957 A) finden. Welches Original er benutzte, ist nicht zu entscheiden, da die Haltung mit keinem der alten Denkmäler genau übereinstimmt, doch nähert sie sich am meisten dem von Lenormant (Gaz. archéol. 1875, S. 63 ff.) an zweiter Stelle beschriebenen Typus.

37. *Herkules erwürgt den Nemäischen Löwen.* — P. 65. B. 287.

Nach Giulio Romanos Composition im Palazzo del Te in Mantua. Der in etwas gekrümmter Stellung vor einem trümmerhaften, alten Gebäude stehende Herkules erdrosselt in seinen Armen den nur mit einem Fusse noch die Erde berührenden Löwen. Im Gegensatz zu den namentlich auf Kupferstichen zahlreichen Darstellungen des Kampfes im XV. Jahrhundert, welche alle den für Simson gebräuchlichen Typus, wie er gebeugt dem Löwen den Rachen aufreisst, auch auf Herkules anwenden, kommt hier wieder das auf vielen Gemmen, Medaillen, Gemälden und in Statuen aus dem Alterthume überkommene Motiv zur Geltung. Eine statuarische Gruppe dieser Art befand sich nach Aldovrandi im Besitze des Valerio de la Valle (statue S. 220), eine andere ist bei Vaccarius (I, 63 und II, 62) abgebildet.

38. *Dem Priapus wird ein Kind dargebracht.* — P. 73. B. 336.

Passavant hält den Stich für eine Copie nach Jacopo di Barbari (B. 19). Vor einer Priapusherme steht links eine Frau, welche ein in der Linken einen Kranz haltendes Kind auf den Armen trägt, rechts eine andere weibliche Gestalt, die den Phallus der Herme fasst. Hinter der letzteren sieht man eine verhüllte Frau und im Hintergrunde einen Bau. Auf dem Stiche Barbaris befindet sich hinter dem Priap noch eine vierte Frau, vor demselben steht ein Altar mit Räucherbecken, über welches die weibliche Gestalt im Vordergrund links Zweige hält. Dass beide Stiche von einander abhängig sind, kann keine Frage sein. Es handelt sich nur darum, welcher das Original ist. Ich glaube, der des Agostino, der offenbar, wie namentlich die an schlechte, römische Arbeiten erinnernden Kopftypen verrathen, ein antikes Vorbild nachbildete oder benutzte. Barbari veränderte dann im Einzelnen die Composition, um das Anstössige derselben zu vermeiden, hielt sich aber namentlich in der Zeichnung der Gewänder getreu an sein Vorbild. Es wäre schwer zu denken, wie umgekehrt Agostino als Copist auf das Motiv des Phallushaltens verfallen wäre, für welches sich auf dem Stiche Barbaris gar kein Anhalt fand, das aber der Antike sehr geläufig war. Das Relief, welches Agostino vielleicht noch in Venedig reproducirte, habe ich nicht gefunden (auch nicht auf der von Michaelis in den Arch. epigr. Mitth. aus Oesterreich I, S. 81 besprochenen Priaposara, die Zoega im Palaste des Grimani-Spago sah). Dass jedoch ähnliche Darstellungen im Alterthume vorkamen, beweist eine bei Montfaucon (ant. expl. Suppl. I, LXXXVIII) und Gerhard (Ant. B. XLII, 1) abgebildete Darstellung: ein Hermaphrodit hält ein Kind auf den Armen, das eine Priapusherme bekränzt.

39. *Herkules.* — P. 261 B. 474.

Er steht in jugendlicher Gestalt, die rechte Hand auf die schräg gestellte Keule gestützt und über der linken Schulter und dem Arme ein Löwenfell tragend, vor einem Portikus und erinnert an die bereits im XVI. Jahrhundert auf dem Capitol befindliche Statue aus Erz (de Cavalleriis I, 75. Vaccarius I, 2 und II, 2. — Aldovrandi: a. a. O. S. 273).

b. Phantasiedarstellungen.

40. *Ein Krieger.* — P. 106. B. 461.

Er schreitet, nur mit einer vom linken Arme nach rückwärts flatternden Chlamys bekleidet nach rechts aus, trägt in der Linken den Schild und weist mit der Rechten nach links. Im Hintergrunde das Meer mit Schiffen. Passavant sieht in ihm eine Reminiscenz an einen der Pferdebändiger des Montecavallo. Ich glaube, man muss das antike Vorbild eher in dem öfters wiederkehrenden Typus des eine Amazone bei den Haaren vom Pferde reissenden Kriegers suchen. (Vergl. den capitolinischen und den Wiener Amazonensarkophag, die bei Enea Vico (B. 125) abgebildete Gemme und andere verwandte Darstellungen.) Ganz ähnlich ist auch die Stellung des Achilles auf den Reliefs, die dessen Entdeckung unter den Töchtern des Lykomedes schildern.

41. *Ein bärtiger Mann und eine Frau fassen sich gegenseitig an den Handgelenken.* — P. 109. B. 471.

Die Darstellung, die jedenfalls der Antike entnommen ist und nur aus dieser heraus erklärt werden kann, zeigt das alte Motiv des χεὶρ ἐπὶ καρπῷ Fassens. Auf zahlreichen römischen

Grabdenkmalern und etruskischen Aschenkisten finden wir Ehegatten mit dieser verschränkten Handhaltung. Vergl. darüber Stephani: compte rendu 1861, p. 70 ff. A. Rossbach: Römische Hochzeits- und Ehedenkmäler. Leipzig 1871.)

42. *Eine Frau bei einer Vase.* — P. 111. B. 474.
Sie steht nach links gewandt, mit nacktem Oberkörper, in einer Landschaft und stützt sich mit dem rechten Arme auf einen Pfeiler, während die Linke auf einer Vase ruht. Wie die beiden folgenden, von Pulszky schon darauf bezogenen Figuren, ist auch diese dem Parisurtheilrelief der Villa Pamfili entnommen und giebt die am weitesten links befindliche Nymphe mit geringen Veränderungen im Gegensinne wieder. Auf der Braun'schen Abbildung (annali dell' inst. XI, Tav. d'agg. H) ist der Hals des Gefässes abgebrochen, die rechte Hand liegt hinter dem Schenkel, und der Kopf ist ohne Kranz.

43. *Eine Frau bei einer Vase.* — P. 112. B. 474.
Sie sitzt von hinten gesehen, die rechte Hand auf ein Gefäss gestützt, in einer Landschaft und reproducirt im Gegensinne die zweite Nymphe auf dem Pamfilirelief, zeigt aber das dort auf dem Sitze liegende Gewand um die Hüften gezogen. Die Vase ist bei Agostino, wie auch auf den zwei anderen Blättern desselben reicher gestaltet.

44. *Eine Frau bei einer Vase.* — P. 113. B. 478.
Sie steht mit nacktem Oberkörper, über der linken Schulter ein Gewand, die Rechte auf eine Vase gestützt, von vorne gesehen in einer Landschaft. Der nach dem Kopfe zu gekrümmte linke Arm ist auf dem Relief horizontal ausgestreckt. Die Abbildung ist hier in gleichem Sinne, wie das Original.

45. *Der Mann mit dem Lorbeerzweig.* — P. 117. B. 491.
Vor einem Circus sitzt auf einer Bodenerhöhung, das linke Bein aufgestemmt, in der linken Hand einen Lorbeerkranz ein bärtiger, herausschauender Mann. Auf sein Knie stützt eine mit übergeschlagenem rechten Beine stehende Frau rechts den linken Arm, auf den sie das Haupt lehnt. Links hält sich eine andere Frau mit der Linken an einen im Rücken des Mannes befindlichen Lorbeerbaum. — Bartsch sieht in dem Manne die Personification der Beredtsamkeit, die in Prosa und Poesie, bezeichnet durch die beiden Frauen, herrschen müsse und Passavant glaubt, der Stich sei nach einer flüchtigen Skizze Raphaels gemacht. Mir macht es den Eindruck, als sei er ungeschickt nach einem etwas rohen, alten Reliefe gezeichnet. Wir hätten uns dann die Darstellung etwa als Apotheose eines Dichters vorzustellen, an dessen Seite zwei Musen stehen. Die rechts befindliche erinnert lebhaft an den überlieferten Typus der Polyhymnia.

c. Architektur und Ornamente.

46. *Architekturtheile.* — P. 129—137. B. 525—533.
Kapitäle, Basen und Gebälk der drei antiken Ordnungen. Bezeichnet 1528 und S. B. (Sebastiano Bolognese). Sie finden sich in der ersten Ausgabe von Serlios Regole generali d'architettura von 1537 und sind mit Benutzung antiker Bauten gezeichnet.

47. *Die drei Altäre des Jupiter und des Amor,* — P. Sch. 138. 139. 140. B. XIV, 535. 536. XV, S. 56, 3,
die man wohl in das Werk des Agostino einreihen muss, erwähne ich hier, da Passavant antike Vorbilder für sie annimmt. (Raph. d' Urb. II, S. 601). Dies darf wohl nicht streng behauptet werden. Offenbar sollen sie nur die verschiedenen antiken Baustyle zur Anschauung bringen.

48. *Ornamentstich.* — P. 160 B. 560,
bez. 1521, ähnlich denen des Nicoletto da Modena, mit Benutzung von Motiven, welche wie die zwei an eine Trophäe gefesselten Männer und der eine Ziege melkende Satyr der antiken Kleinkunst entlehnt sind.

49. *Ornamentstich.* — P. 182. B. 582.

Ein wahrscheinlich nach einer Zeichnung Giovannis da Udine gefertigter Stich, der in der Gesammtanlage modern, als Hauptmotiv eine antike Statue der ephesischen Artemis verwendet, wie es deren verschiedene in jener Zeit in Rom gab.

3. Marco Dente.

a. Historische Darstellungen.

50. *Die Zusammenkunft Scipios und Hannibals.* — P. 63 B. Schule XV, p. 30, 5.

bez. 1541. Die beiden Feldherrn verhandeln, durch einen Fluss getrennt, in dem man links vorne einen Flussgott und neben diesem ein Seeungeheuer sieht, miteinander. Hinter dem Carthager steht eine Phalanx von Elephanten.

51. *Scipio nimmt das Lager der Carthager.* — P. 64. B. XV, p. 30, 4.

bez. 1540. Vor dem rechts befindlichen Lager, aus welchem Soldaten hervorbrechen, ist der Kampf entbrannt. Von links naht der Kaiser mit seinem Gefolge.

52. *Die Grossmuth des Scipio.* — P. Schule 56. B. XV, p. 30, 3.

Dem von zahlreichem Gefolge umgebenen, sitzenden Feldherrn überreichen kniend Manner Gefässe als Geschenk. Eine Frau bringt ihm die Stadtschlüssel.

Alle drei, wahrscheinlich auf die Erfindung Giulio Romanos zurückgehenden Stiche verrathen das Studium der Trajanssäule, sowohl in der Bewaffnung und Bekleidung der Krieger, als in der Darstellung des Lagers und in einzelnen Motiven. Der Flussgott mit dem Ungeheuer erscheint ähnlich auf alten Sarkophagreliefs. (Vergl. z. B. den Mars und Rhea Sylvia Sarkophag der Villa Matthei. Mon. Matthei III, 32.)

53. *Entellus und Dares.* — P. 22. B. 195.

bezeichnet Entelli et Daret. cestuum cert. Vor den Ruinen eines Amphitheaters streiten zwei nur mit einem Schurz bekleidete Männer, ein jüngerer vom Rücken und ein älterer bärtiger von vorne gesehen, im Faustkampfe miteinander, die mit Riemenwerk versehenen Arme zum Angriff erhoben. Die Thatsache, dass diese Darstellung ein jetzt im Lateranensischen Museum, früher in den Gärten der Aldobrandini befindliches Relief ergänzt, (denn die beiden Figuren sind nur zur Hälfte und in zwei Stücken erhalten), wiedergiebt, ist eine längst bekannte. Abgeb. Mus. Chiaramonti II, 21. 22. Pistolesi: il Vaticano descr. III, tav. 16, 1. 2. Fabretti: de col. Traj. p. 260. Montfaucon ant. exp. III, 2 tav. 169. — Die Literatur bei Benndorf und Schöne: Ant. Bildwerke des Lat. Mus. S. 8. N. 13.) Nach einer Vermuthung der Verfasser des later. Museum stammen die Fragmente vom Trajanischen Forum her. Der Stich zeigt abgesehen von den ergänzten Beinen einige Verschiedenheiten, die auch auf den Abbildungen Fabrettis und Montfaucons wiederkehren, so dass die Annahme nahe liegt, dass die letzteren Dentes Blatt benützt haben. In höherem Grade gilt dies von der Reproduction bei G. Choul (discorso sopra la castra metazione e bagni antichi dei Greci e Romani 1559 p. 71), der die ganzen Figuren wiederholt. Die Faust des bärtigen Mannes ist mehr und in höherer Lage dem Kopfe genähert und die innere Handfläche dem Beschauer zugekehrt, auf der rechten Schulter sieht man einen Theil des Gewandes. Das Haar des jüngeren Kämpfers ist reicher gelockt und dreifach von einem Bande durchwunden; an beiden Armen reicht das Riemenwerk höher hinauf und der rechte ist fast horizontal ausgestreckt. — Die Zeichnung des Blattes wird, wie ich glaube, mit Unrecht dem Raphael zugeschrieben, da die unteren Extremitäten für diesen ungeschickt und plump gebildet und zudem nicht ganz richtig im Sinne der Antike ergänzt sind.

Wir finden die Darstellung mehrfach auf späteren Stichen verwerthet, so auf einem von Laudon (VII, 400) dem N. Beatricetto, von Bartsch dem Meister mit dem Würfel (B. 77) zugeschriebenen, welcher den Kampf zweier Gladiatoren mit Schwertern und Schilden zeigt. Ferner auf einem Blatte aus der Schule Marcantons P. Sch. 55. B. XV p. 29. 2'; der Kampf der Horatier und Curiatier, wo die Mittelgruppe nach den beiden Faustkämpfern gebildet ist, (vergl. unten N. 68), auf einer Federzeichnung Rosso Fiorentinos in der Albertina (Sc. Rom. Portfol. VII, N. 508), welche verschiedene gymnastische Spiele darstellt und schliesslich auf einem Stiche aus der Schule von Fontainebleau B XVI p. 414 N 97), dessen Zeichnung auf Primaticcio zurückgeführt wird. In sehr ergötzlicher Weise erscheinen Entellus und Dares hier, wie sie ihre Künste vor einer grossen Zuschauermenge produciren.

54. Venus durch einen Rosendorn verletzt. — P. 30.
Eine Copie des schon früher besprochenen Marcanton'schen Stiches P. 288. (Vergl. N. 25).

55. Venus auf einem Delphin und Amor.
Eine Wiederholung des Stiches von Agostino Veneziano P. 47. (Vergl N. 31)

Die im Folgenden behandelten acht Stiche, die zusammengehörig eine Suite bilden, sind unter dem Namen der acht antiken Basreliefs bekannt. Sie tragen denselben mit Recht, wenn man damit behaupten will, dass sie antike Reliefs vorstellen sollen, nicht aber, wenn man sie für directe Zeichnungen nach solchen hält, da sie meist wohlbekannte Motive bringen, aber nie so, dass wir sie mit Sicherheit auf bestimmte alte Vorlagen zurückführen könnten. Wir haben es hier mit einer Art beabsichtigter Fictionen zu thun, wenn man Compositionen, welche antiken Reliefstyl nachahmen, ohne zu copiren, so bezeichnen kann.

56. Das Opfer eines Bockes. — P. 33. B. 220.
Zu einem Altare schreitet von links ein Priester mit verhülltem Kopfe, die linke Hand auf eine Vase gestützt, die Rechte ausgestreckt, gefolgt von einem bekleideten, ein Kästchen haltenden Knaben, heran. Von rechts schleppt ein nackter Jüngling einen Bock bei den Beinen herzu.

Eine bis auf geringe Verschiedenheiten ganz gleiche Composition finden wir auf einer Abbildung bei Montfaucon (ant. ex. Suppl. II, XXII) nach einem Relief, das er selbst im Besitze des Maréchal d'Etrées gesehen, und das kurz vor seiner Zeit auf dem Berge von Fourvières in Lyon gefunden worden war. Montfaucon war auf die Aehnlichkeit mit dem Salamanca'schen Drucke, in dessen Besitz die Platten der acht Basreliefs übergingen, aufmerksam geworden und schloss folgerichtig daraus auf das Vorhandensein eines zweiten ganz ähnlichen Reliefs, das dem Stecher vorgelegen habe. Der Unterschied zwischen den beiden Darstellungen besteht darin, dass der Knabe links bei Montf. mehr en face, der Altar einfacher gestaltet, der Jüngling rechts kleiner ist und der Priester in der rechten Hand eine Schale hält. Abgesehen von der Notiz bei dem französischen Gelehrten habe ich nichts über das Relief erfahren können. Weder Millin in seiner Voyage dans le midi de la France, der nur von einem mit Inschriften versehenen, in Fourvières gefundenen Altar spricht (a. a. O. I, S. 453 f.), noch Comarmont (in seiner déser. des ant. et obj. d'arts du Palais des arts de Lyon und déser. du mus. lapid. de l. v. d. Lyon) erwähnt dasselbe. Es frägt sich nun, ist das Relief eine echte, antike Arbeit oder verdankt es seine Entstehung einer Nachbildung des Stiches? Ich glaube eher das letztere, da mir Einzelheiten, wie namentlich die Bekleidung des Knaben links und das Motiv der auf die Vase gestützten Hand des Priesters, modern erscheinen.

57. Kampf zwischen Satyr und Bock. — P. 34. B. 221.
Beide stossen über einem altarförmigen Bau mit den Köpfen gegen einander. Der Satyr schwingt eine Keule in der Rechten. Im Hintergrunde rechts ein Haus, links eine Pyramide auf viereckigem Untersatze. — Das Motiv war ein im Alterthume sehr beliebtes. (Vergl. die drei Reliefs im Codex Coburgensis Matz N. 133. 144. 146. — Gerhard: A. B. CXII. 2. Bouillon: mus. d'ant. III Basr. Pl. 7. — Wandgemälde: Pitture d'Ercolano II T. 47. Müller Wieseler II, XLIV, 552. -- Gemmen: Mus. Fior. I, LXXXIX, 1 u. 2.)

58. *Der Zug des Silen.* — P. 35. B. 222.

Der von 2 Faunen gestützte zurückgelehnte Silen reitet nach rechts auf einem Esel, dessen Zügel ein voranschreitender Satyr, der eine Keule über der linken Schulter trägt, führt. An den Seiten je ein Baum. Aehnliche Darstellungen bei Gerhard A. B. CX. 1 und Bartoli Admir. 49), welche letztere Pulszky (a. a. O. S. 23) für die Vorlage hält. Mit Unrecht, denn das characteristische Merkmal, der den Esel führende Satyr, fehlt. Auffallend verwandt, nur durch 2 Faune und einen Panther bereichert, ist das als modern erkannte Relief in Neapel (Mus. Borb. XIV, Tav. LII).

59. *Ein Satyr belauscht eine Nymphe.* — P. 36. B. 223.

Dieselbe schläft, den Kopf auf beide Arme und diese auf eine Vase gestützt. Zwei mit einem Gewand bespannte Bäume im Hintergrunde sind durch eine mit Krabben behangene Schnur mit einer Herme links verbunden. Auch für dieses Blatt giebt es zahlreiche Analoga in der antiken Kunst (Vergl. z. B. Mus. Pio. Clem. V, 8. — Zoega: bass. II, 72 und 77). Die Armhaltung der Nymphe finde ich nur auf einem Wandgemälde des in der vigna Corsini entdeckten, unterirdischen Grabmales wieder Montfaucon: a. e. V, I, XIV, doch ist hier der lauschende Mann jugendlich und in aufrechter Haltung. — Derselbe Gegenstand ist schon im XV. Jahrhundert mit Vorliebe, namentlich auf norditalienischen Werken behandelt worden. (Vergl. z. B. Marcanton P. 180. B. 285. — Hypnerotomachia Poliphili etc).

60. *Polyphem und Galathea.* — P. 37. B. 224.

Er schaut auf einem Steine sitzend, das linke Bein aufgestützt, in der gesenkten Rechten die Syrinx, in der erhobenen Linken einen Stab, nach Galathea aus, die mit einem Beine auf einer von zwei Delphinen gezogenen Muschel steht und in der Linken die Zügel, in der Rechten eine Muschel hält. Ein mit dem Bogen zielender Amor fliegt hinter ihr. — Dies Blatt ist der beste Beweis für die Richtigkeit der oben ausgesprochenen Ansicht, dass wir in den Basreliefs Marco Dentes absichtliche Fictionen vor uns haben. Derselbe hat für die Composition nämlich offenbar antike Polyphemdarstellungen benutzt (vergl. Helbig: Polyph. und Gal. in den Symbola Philolog. Bonnens. in hon. F. Ritschelii 1864. S. 359 ff.), die Figuren selbst aber den beiden bekannten Fresken Raphaels in der Farnesina entlehnt. R. Förster, der wie ich aus seinen Farnesinastudien ersehe, gleichfalls die letztere bemerkt, betont mit Recht die Beweiskraft, die der Stich für die Benennung des Gemäldes als: Triumph der Galathea hat. Zugleich aber gestattet der letztere die Annahme, dass für die allgemeine Anlage der weit ausgedehnten und mit freier künstlerischer Phantasie ausgestatteten Freskocompositionen eine antike Polyphemdarstellung massgebend gewesen ist. Dafür spricht besonders die dem alten Typus sehr nahe kommende Gestaltung des Riesen. Hatte Raphael aus dem kleinen Relief oder Wandgemälde zwei gewaltige Bilder geschaffen, so zog Marco Dente dieselben wieder mit Beibehaltung der neuen Typen zu der einfachen Form der antiken Composition zusammen, in der That eine merkwürdige Metamorphose.

61. *Apollo, die Rinder des Admet hütend.* — P. 38. B. 225.

Er sitzt den nackten Körper halb nach links gewandt, im Profil nach rechts schauend, die linke Hand auf den mit einem Gewande bedeckten Sitz gestemmt und hält mit der Rechten eine Leier auf dem Knie. Neben ihm befindet sich ein gleichfalls nach rechts schauender Hund, dahinter ein mit einer Schlange umwundner Baum. Links weidet ein Ochse bei einem Gebäude. — Weder für diese, noch die folgende Composition habe ich alte Vorbilder gefunden. Die Haltung des Gottes entspricht aber einer sitzenden Statue des Apollo Nomios in der Villa Ludovisi (Schreiber: Catalog S. 137 N. 116. Clarac 482 D, 924 B. — Aehnlich ebds. 482, 924.) und einer Gemmendarstellung (Mus. Flor. I, LXVI, 4 ex Mus. Med.) Sollte die Darstellung vielleicht einem Parissarkophagrelief entnommen sein? Auf Vasen erscheint Paris häufig mit der Leyer.

62. *Ein Mann und eine Nymphe.* — P. 39. B. 226.

Ein laufender Mann greift nach einer vom Lande abstossenden Nymphe, auf deren Beinen ein ihr ähnlich gebildeter Amor liegt.

63. *Vulcan in der Schmiede.* — P. 40. B. 227.

Er sitzt nach rechts gewandt, einen Pfeil schmiedend. Hinter seinem Sitze befindet sich ein Eros, ein andrer steht beim Ambos und ein dritter wird von der rechts stehenden Venus zurückgehalten. Der Gott ist wieder in der schon oben (N. 10) erwähnten, wohl der Antike nachgebildeten Haltung. Dass er auch im Alterthume mit Venus und mehreren Putten zusammengestellt wurde, beweist das von O. Müller (Hdb. der Arch. III. Ausg. S. 561) erwähnte, in der Villa Altieri befindliche Wandgemälde mit lebensgrossen Figuren aus dem Grabe der Nasonen.

64. *Triumph der Galathea.* — P. 44. B. 351.

Copie des Marcanton'schen Stiches P. 192 B. 350. Vergl. N. 23.

65. *Das Parisurtheil.* — P. 46.

Copie des Marcanton'schen Stiches P. 137. Vergl. N. 12.

66. *Laokoon.* — P. 47. B. 243.

bezeichnet prout in II Aeneidos P. V. Maronis. In einer Landschaft mit zwei Tempeln links kniet rechts auf einer Basis Laokoon und streckt die Arme zum Himmel empor. Zu seinen beiden Seiten befinden sich die von den Schlangen umwundenen Knaben. Zahlreiche Trümmer eines Bauwerkes bedecken die Erde. Im Hintergrunde links nahen auf dem Meere zwei Schlangen. — Wie wir schon oben erwähnt, reproducirt der Stich in freier Weise die Miniatur des vaticanischen Virgilcodex (Abgeb. Bartoli: Icon. fig. quae in vet. cod. Virg. etc. visuntur. — D'Agincourt: Malerei Tav. XXII, 1. — Mai: Virgilii picturae antiquae ex codicibus Vatic. 1835.) Pulszky machte bereits auf die Verwandtschaft der beiden Darstellungen aufmerksam (a. a. O. S. 16). Die gesammte Anordnung ist gleich, weggelassen ist nur der Priester mit dem Opferthier am Altare links. Die beiden Tempel haben ein etwas verändertes Ansehen erhalten; zchnelt der vordere mit seiner Giebelfaçade und seiner Treppe noch dem der Miniatur, so ist der hintere freier in der beliebten bramantesken Architectur der Zeit. Daneben erscheint die Spitze eines Obelisken, die mit einer gewissen Vorliebe auf Werken jener Epoche angebracht wurden (vergl. z. B. Stiche des Meisters von 1515. B. XIII, S. 417, N. 18 und des Agostino Veneziano B. 42 und B. 201). In der Vorderansicht der heraneilenden Schlangen zeigt sich die Kenntniss der Perspective im Gegensatze zu dem alten Werke. Zahlreiche mit räthselhaften Inschriften versehene Steine sollen offenbar das archäologische Interesse der Darstellung erhöhen. In der Gruppe des Laokoon endlich ist die Stellung des Priesters beibehalten, das unschöne, flatternde Gewand aber weggelassen worden. Die Knaben, die auf der Miniatur verschwindend klein in nicht recht motivirter Weise an den Seiten des Vaters schweben, musste der moderne Künstler verändern. Er griff auf das bedeutendere Vorbild der statuarischen Gruppe zurück und benutzte dasselbe zunächst für den rechts befindlichen Sohn, dessen rechten Arm er in veränderter Lage mit der Schlange sich abmühen lässt. Den jüngeren Knaben schildert er, wie er in verzweifelter Auflösung mit den Armen Schutz am Rücken des Vaters sucht. Sind die Schlangenwindungen auch wesentlich verschieden, so erkennt man doch in Einzelheiten, wie der Umstrickung des Sohnes rechts und dem Schlangenbiss in die Weiche des Laokoon die antike Gruppe wieder. Dass Marco Dente auch den Knaben links von dem einen Unthier beissen lässt, geht auf das Vorbild der Miniatur zurück.

So haben wir in unserem Blatte eine höchst merkwürdige Reproduction und Verschmelzung von zwei alten Werken vor uns, die auf das Interesse, das man am Laokoon nahm, ein lebhaftes Licht wirft.

67. *Ein Satyr, der eine Nymphe trägt.* — P. 49. B. 300.

(Eine Copie im Gegensinne im Cabinet des estampes zu Paris unter Enea Vico.) Er umfasst ihren Leib mit der Linken und zieht ihre rechte Hand über seine linke Schulter. Ihr schmales Gewand flattert nach links und das Haar nach rechts. — Ob diese Composition, die dem

Giulio Romano zugeschrieben wird, auf ein antikes Muster zurückgeht, kann ich nicht bestimmen. Doch wäre es wohl denkbar, wenn man sich der ähnlichen Situation von Frauen in den Armen sie entführender Centauren erinnert. Vergl. z. B. Combe: Descr. of ant. terrac. II, XV.)

68. *Die Parfümbüchse für Franz I.* — P. 58. B. 490.
Copie des Marcanton'schen Stiches P. 136. S. N. 26.

4. Anonyme Meister der Schule Marcantons.

a. Religiöse Darstellungen.

69. *Die Anbetung der Hirten.* — P. 15. B. XV p. 15, 3.

Wahrscheinlich nach einer Zeichnung Giulio Romanos. Der vordere kniende Hirte erinnert in der Stellung an den Schleifer der Tribune in Florenz, nur ist sein rechtes Bein weiter nach hinten gestreckt und der Kopf weniger nach oben gerichtet. Wir berühren bei diesem Punkte eine Frage, die betreffs zwei anderer, auf Raphael zurückgeführter Werke schon von Passavant und Pulszky aufgeworfen worden ist. Ersterer bezog den Skythen auf einem Apollo und Marsyas darstellenden Stiche des Meisters mit dem Würfel (B. XV, S. 206 N. 31), letzterer den Sohn des Noah auf dem Opfer des Erzvaters an der Decke der dritten Loggienarkade auf die Florentiner Statue. Ich glaube der Skythe hat ebenso, wie Apollo und die Muse sein Vorbild auf einem antiken Wandgemälde, das sich bereits im Codex Pighianus findet (Jahn: N. 228. — danach publ. von Jahn: Ber. der sächs. Gesellschaft d. Wiss. 1869 Taf. III. Die Aehnlichkeit zwischen dem Sohn des Noah und dem Schleifer ist sehr weit hergeholt, da die verwandten Züge so gering sind, dass an eine Abhängigkeit der einen Figur von der anderen schwerlich zu denken ist. Weit mehr Recht hatte man, dies von dem Hirten auf unserm Stiche zu behaupten, der namentlich auch in dem Motive des über die linke Schulter liegenden Gewandes Uebereinstimmung mit der Statue zeigt. Gleichwohl wird man gut thun, die Möglichkeit einer zufälligen Aehnlichkeit nicht auszuschliessen.

b. Historische und mythologische Darstellungen.

Den Stich Passavant 56, die Grossmuth des Scipio, sowie den Dornauszieher P. 136 haben wir schon oben besprochen (N. 52 u. N. 11.)

70. *Kampf der Horatier und Curiatier.* — P. 55. B. XV p. 29, 2.

Nach einer von dem Stecher, wie die eingeritzten Umrisslinien beweisen, benutzten lavirten Federzeichnung des Giulio Romano in der Albertina (Sc. Rom. Portfol. VI, N. 402). In einem eingehegten Raume, um welchen Zuschauer herumstehen, fechten in der Mitte zwei Kämpfer mit gegeneinander erhobenen Schilden. Zwei andere liegen ausgestreckt auf dem Boden. Ein drittes Paar endlich hält sich umfasst und sucht sich mit Dolchen beizukommen. bez. 1541. Ant. Salamanca. Auf die Benutzung des Entellus und Daresreliefs im Lateran für die Mittelgruppe ist bereits hingewiesen worden. (Vergl. N. 41.) In den zwei liegenden Kriegern könnte man versucht sein, eine Beziehung zu den ganz ähnlichen Statuen der zwei todten Gallier in Neapel und Venedig zu erkennen. (Clarac: 871, 2216. 872, 2215. Vergl. auch 858, 2177.)

71. *Die Schlacht bei Ostia* — P. 58, B. XV, p. 34, 7.

Nach einer Zeichnung Raphaels zu dem Fresko im Vatican. An dem Gestade des Meeres, in dem man zahlreiche Schiffe sieht, sitzt von Würdenträgern umgeben rechts der Papst. Krieger führen gefesselte Gefangene vor ihn; links werden zwei solche aus einem Boote gezogen. Pulszky hob mit Recht hervor, „dass der vordere Gefangene, der aus dem Kahne tritt und der Krieger, der ihn erfasst, einer Gruppe aus einem Relief der Trajanssäule nachgebildet seien (Froehner Pl. 32.

Bartoli P. 30'. Auf der Gruppe der Trajanssäule folgt der Soldat dem Gefangenen, bei Raphael dagegen steht er ihm gegenüber". a. a. O. S. 42.)

72. *Diana und Aktaeon.* — P. 76. B. XV pag. 40, 10.

Vor einem alten Gemäuer, in welchem zwei Statuen aufgestellt sind, badet Diana mit zwei Nymphen und spritzt den links vorbeieilenden Aktaeon mit Wasser an. Bereits sind ihm die Hörner gewachsen. Links im Hintergrunde zerfleischen drei Hunde den am Boden liegenden Jäger. — Die eine Statue: ein Knabe, der aus einer auf der rechten Schulter gehaltenen Urne Wasser vergiesst, ist uns mehrfach aus dem Alterthume erhalten (vergl. z. B. Clarac 755, 1844; Aldovrandi giebt eine gleiche im Besitze der Cesis an, Statue S. 126), befindet sich aber auch auf der Badescene des nach Frochner Mus. d. Louvre 103) 1738 entdeckten Aktaeonsarkophages in Paris (abg. Clarac II, P. 113. 114. 115.). Der Knabe ist hier in unmittelbare Beziehung zur kauernden Diana gesetzt. Sonst finden wir keine Momente, (ebensowenig wie auf anderen Darstellungen der Aktaeonsage), die auf eine Entlehnung schliessen liessen.

73. *Triton und Nereide.* — P. 77. B. XIV, 228.

Auf dem die Pauken schlagenden, ausgestreckt schwimmenden Meergotte sitzt, dem Beschauer den Rücken zukehrend, eine Nymphe mit der rechten Hand sich stützend, die linke sprechend erhoben. — Das Motiv geht auf alte Reliefs zurück, unter denen ich besonders den Nereidensarkophag im Louvre (Clarac 206, 192) anführen möchte. Die Stellung der Frau kehrt fast genau wieder, doch führt der Triton hier ein Meerpferd.

74. *Triton und Nereide.* — P. 78. B. XIV, 229.

Sie liegt lang ausgestreckt und sich an ihn klammernd auf dem Rücken des die Fluth mit dem Ruder in der rechten Hand durchstreifenden Triton. — Für die Stellung der weiblichen Figur kenne ich kein antikes Vorbild, während solche für die Ausstattung des Meergottes mit einem Ruder zahlreich vorhanden sind.

75. *Die Nymphe bei der Pansherme.* — B. 82. B. XIV, 258.

Sie steht nackt, nur von einem schmalen Tuch umflattert neben der Herme und hält mit beiden Händen einen Korb mit Früchten auf dem Kopfe. — Aehnliche Gestalten finden sich wiederholt auf bacchischen Reliefs.

76. *Zwei Putten.* — P. 86. B. XV, p. 36, 4.

Sie schleppen der eine en face, der andere nach hinten gewandt mit Mühe die grosse Keule des Herkules. Bezeichnet Raphael Urbinas invent. 1541. Wohl nach einer Zeichnung Raphaels für das Fresko in der Farnesina, die eine freie Umbildung der antiken Darstellung von zwei ruhig schreitenden, die Keule tragenden Eroten ist. (Vergl. Relief im Louvre: Clarac 184, 215.)

77. *Die Hochzeit der Psyche.* — P. 95. B. XV. p. 43. 14.

Nach Raphaels Fresko in der Farnesina. Ist auch die Composition im Allgemeinen durchaus frei erfunden, so finden sich doch einzelne, der Antike nachgebildete Figuren, so der die Schwertscheide des Mars tragende Eros, der genau so (nur das Gewand ist von Raphael weggelassen) auf einer in mehrfachen Wiederholungen vorkommenden Ara erscheint (s. Millin: Gal. myth. XI, 145. — Clarac II, 187, 81. — Valentinelli: marmi scolpiti N. 68 u. 70. Taf. VIII.) Eine solche befand sich im XVI. Jahrhundert nach einer Zeichnung des Codex Pighianus (Jahn N. 100) im Besitze des Cardinal de la Valle. Das venetianische Exemplar stammt aus der Sammlung Grimani, die bis 1523 auf dem Quirinal war und von da nach Venedig kam. Eine Statue derselben Sammlung, den das rechte Bein aufstützenden Apollo mit der Lyra (Zanetti II, 12. Clarac 491, 950. Valentinelli: M. sc. N. 133 Tav. XX) benützte Raphael unzweifelhaft für seinen von hinten gesehenen Apollo auf demselben Fresko. Eine nach der Statue gefertigte Studie besitzt die Albertina in einer dem Raphael zugeschriebenen Rothelzeichnung (Scuola Rom. Portf. V A, N. 261), die ich

der kleinlichen Behandlung in den Schatten und der mangelhaften Zeichnung des Kopfes wegen, den der Künstler offenbar nicht der Antike entlehnte, sondern selbst hinzufügte, eher einem Schüler des Urbinaten zuertheilen möchte. Apollo erscheint hier noch nackt und das Gewand, das auf dem Wandgemälde dann ausgeführt wurde, nur flüchtig angedeutet. Dass die Zeichnung für dasselbe benutzt wurde, kann keinem Zweifel unterliegen. Möglich, dass Raphael für den Eros, wie für den Apollo Studien, welche seine Schüler nach der Antike gemacht, verwerthete. Försters Behauptung in den Farnesina-Studien (S. 81): „Eine Nachahmung von Antiken kann ich weder für diese (Herkules und Bacchus) noch für irgend eine andere Figur des Cyclus zugestehen", erleidet durch diese beiden Fälle eine Einschränkung. (S. Abb. links Statue nach Clarac, rechts nach Raphael.'

Die etwas äusserliche Einfügung des köchertragenden Amor ist schon früher aufgefallen. Man hat nicht recht gewusst, auf wen der Köcher zu beziehen sei.

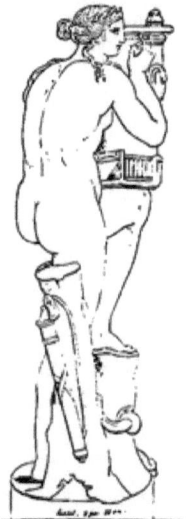 

78. *Mars und Rhea Sylvia.* — P. III. B. XV, S. 53, 10.

Angeblich nach Parmegianino. Wie Pulszky bereits erkannt hat (a. a. O. S. 26), giebt dieses Blatt das Relief der Matthaeischen Sammlung: Mars und Rhea Sylvia wieder. (Abgeb. Codex Pighianus Jahn N. 180. Bartoli: Admir. 22. Mon. Matt. III, 32. Montfaucon I, XLVIII). Die figürliche Darstellung ist aus einander gezogen und in eine Landschaft versetzt worden. Neu hinzugefügt ist an Stelle eines Eros die auf den Gott zufliegende Victoria mit zwei Kränzen in den Händen; weggelassen ist nur der bärtige Mann links hinter der Nymphe und der Eros im Kahne, an dessen Stelle sich eine Vase unter dem rechten Arm des Flussgottes befindet. Dieser ist ziemlich getreu, die Stellung des Drachen und der Eroten etwas verändert. Mars trägt in der Rechten ein Schwert, Rhea Sylvia stützt sich mit der Linken auf den Boden und wird vom Schlummergott am Arme gefasst. Die rechts im Mittelgrunde sitzende Frau legt die Rechte auf den Eros vor ihr und stützt die Linke auf den Sitz. Der Tempel des Reliefs ist nicht wiedergegeben. Der Hirt sitzt in perspectivischer Verkleinerung gesehen und von einer zahlreichen Heerde umgeben auf einem Berge. Aus dem Helios ist eine Luna geworden.

Das Blatt ist interessant als Parallele zu dem Parisurtheil des Raphael. Dort eine freie, zu höchster Schönheit durchgebildete Umwandlung der Antike, hier eine ohne schöpferische Kraft geschmacklos wiedergegebene alte Form. Man thut wohl dem Parmegianino unrecht, ihm die Uebertragung zuzuschreiben, die vermuthlich der Stecher selbst oder ein mehr untergeordneter Künstler vollzogen hat.

79. *Amor auf einem Seetiger*, — P. 118. B. 413.

in sitzender, mit den Händen sich aufstützender Haltung. Bartsch schreibt den Stich wohl mit Recht dem Marco Dente zu. Vermuthlich ist er nach einer Antike, die ich aber nicht gefunden habe, gezeichnet. Aehnliche Darstellungen kehren öfters wieder, z. B. auf einem friesartigen Streifen der Sammlung Matthei (Mon. Matth. III. X, 3). Allerdings sitzen die Eroten hier, wie auf dem Relief im Louvre (Clarac 188, 200) rittlings auf den langgestreckten Seeungethümen, doch kommt auch die Haltung des Amor, die unser Stich zeigt, in der Antike vor. Die Zeichnung des Codex Pighianus Jahn N. 187, welche Eroten auf allerlei Seethieren darstellt, habe ich nicht vergleichen können, da ihre Uebereinstimmung mit einem sonst publicirten Relief noch nicht nachgewiesen ist.

Nicht vergleichen konnte ich von Stichen, die möglicher Weise in den Rahmen dieser Arbeit gehören:

Marcanton	P. 131. B. 255.	Diana	
„	P. 195.	Les amours des dieux.	
„	P. 282.	Le triomphe de Neptune.	
„	P. 287.	Pluton.	
„	P. 289.	Le Satyre et la Bacchante.	
Agostino Veneziano	P. 44. B. 218.	L'amour s'enfuit avec le bouclier de Mars.	
„	P. 55. B. 232.	Leda.	
„	P. 156. B. 558.	Panneau d'ornement.	
Marco Dente	P. 60. B. 556.	Arabesque à la tête de Meduse.	
„ „	P. 61. B. 557.	Arabesque à l'enfant.	
„ „	P. 62.	Arabesque en Mascaron.	
„ „	P. 62.	Arabesque au bélier.	
Anonyme Meister	P. 61. B. 11.	Jupiter accompagné de l'Amour et de quelques déesses.	
„ „	P. 51.	Aeneas, Anchises et Ascanias.	
„	P. 54.	Didon.	
„	P. 59	Jupiter.	
„	P. 62.	Le Banquet des dieux.	
„	P. 70.	Bacchus et un Satyre.	
„	P. 80.	La famille du Satyre.	
„	P. 81.	Silène et deux Satyres.	
„	P. 84.	Deux nymphes, Silène et deux Faunes.	
„	P. 92.	Pandore et Mercure.	
„	P. 93.	Même sujet.	
„	P. 151—155.	Panneaux d'ornements.	
„	P. 156.	Alexandre le Grand.	

NSERE Untersuchung hat gezeigt, welche Ausdehnung der Einfluss antiker Denkmäler im Anfang des XVI. Jahrhunderts gewonnen hatte, da wir demselben nicht allein auf dem Gebiete historischer und mythologischer, sondern auch auf dem religiöser Darstellungen und bei den verschiedensten Meistern begegnet sind. Wir kommen jetzt noch einmal auf die in der Einleitung aufgeworfene Frage zurück:

Haben wir bei den Blättern, welche antike Denkmäler mit Absicht auf Treue wiedergeben, die Vermittlung Raphaels anzunehmen oder nicht? Hat in letzterem Falle der Stecher auch selbst gezeichnet oder sich der Vorlagen Anderer bedient? Ich glaube, man wird die eigenhändige Thätigkeit Raphaels auszuschliessen haben. Zwei Anhaltspunkte bieten sich für eine Prüfung der Stiche darauf hin dar:

1. Giebt uns das Parisurtheil als beglaubigtes Werk des Urbinaten nach der Antike einen Massstab an die Hand. Es zeigt uns, wie derselbe copirte.
2. Besitzen wir in der Zeichnung der Albertina zum Tanz der Faunen und Bacchantinnen eine directe Vorlage für den Stich Marcantons, welche sicher nicht von Raphael ist.

Von keinem anderen Werke des Meisters ist eine solche Ausnutzung eines alten Vorbildes nachgewiesen worden, wie von dem Parisurtheile. Es kann kein Zweifel sein, dass er selbst nach den Reliefs gezeichnet hat. Und doch, wie merkwürdig haben sich die Formen unter seiner Hand verändert! Unmerklich ist aus der Antike eine moderne Schöpfung geworden, gleichsam die musikalische Variation eines alten, schlichten Themas durch einen grossen Componisten. Bei keiner der anderen Reproductionen finden wir auch nur entfernt eine gleiche Behandlung. Kann auch der Zeichner derselben die malerische Auffassung und seine ihm eigenthümlichen Kopftypen beim Copiren nicht ganz vergessen, so ist diese Subjectivität doch nicht bewusst und beabsichtigt. Er will getreu copiren. Kein Werk Raphaels aber giebt uns die Berechtigung, anzunehmen, dass auch er dies gethan. Die Zeichnungen nach der Antike, die man ihm früher zuschrieb, sind jetzt fast sämmtlich als Arbeiten seiner Schule erkannt. Ausserdem zwingt die Ungleichartigkeit der Reproductionen in den Stichen, die Thätigkeit verschiedener Zeichner zu behaupten. Neben Arbeiten, die eine sichere und geschickte Hand verrathen, wie der bacchische Sarkophag in Neapel, der Alte und junge Bacchant, die drei Grazien, der Apollo von Belvedere, die Laokoongruppe und die Löwenjagd begegnen wir schwächeren, wie den Reliefs von der Trajanssäule; neben verhältnissmässig stilistischer Wiedergabe leise vom Manierismus gestreifte Reproductionen, wie die drei Statuen der Sammlung Rustici, das Entellus und Daresrelief, und die Orest und Pyladesdarstellung. Am ersten dürften noch die Reliefs des Neapeler Sarkophages auf eine Raphael'sche Zeichnung Anspruch machen; aber auch diese, wie die erwähnten besseren Arbeiten entbehren den Stempel seines Geistes, jene nur ihm eigene Auffassung und Interpretation, die selbst die Werke, in denen er fremde Gedanken benützt, doch stets wieder in Raphael'sche Schöpfungen verwandelt. Ist es endlich wahrscheinlich anzunehmen, dass Raphael bei seiner geradezu räthselhaft grossen, freischöpferischen Thätigkeit noch Zeit und Lust gefunden habe, so sorgfältig ausgeführte Zeichnungen nach der Antike, wie es gerade die des bacchischen Reliefs gewesen sein muss, für Marcanton anzufertigen?

Auf die Frage, wer den Stechern die Zeichnungen geliefert habe, näher einzugehen, würde hier zu weit führen. Eine endgültige Entscheidung ist bis jetzt noch nicht möglich. Erst, wenn wir eine genauere Kenntniss von dem Grade künstlerischer Befähigung, den Marcanton und seine Genossen besassen, haben, wenn wir in umfassender Weise die von denselben benutzten Handzeichnungen mit den Stichen vergleichend zusammenhalten können, werden wir zu einem positiven Resultate gelangen. Vielleicht wird sich dann die am meisten wahrscheinliche Annahme, dass die grössere Anzahl der Zeichnungen nach Antiken von Schülern Raphaels, wenn auch möglicher Weise auf dessen direkte Veranlassung hin, angefertigt wurde, bewahrheiten. Immerhin bleibt es bezeichnend, dass eine eigentliche Reproduction der Antike zu Raphaels Zeit beginnt, unter der Herrschaft seiner künstlerischen Individualität, deren Verwandtschaft, ja Congenialität mit der Antike leuchtend aus der freien Formvollendung, der mit leichter, unmittelbarer Verständlichkeit für Jedermann gepaarten Gedankengrösse seiner Werke hervortritt. Lose Blätter machen zuerst die Welt auf die Schönheit der nach langer Vergessenheit der Erde wieder entstiegenen Schätze aufmerksam. Sie geben den Anstoss zu den ersten Sammelwerken, die das XVI. Jahrhundert entstehen sieht. Stiche wie die des Laokoon, des Apollo von Belvedere und andere mehr gewannen sicher bald ihren wissenschaftlichen Werth und bewahren ihn bis auf den heutigen Tag, wenn auch eine unübersehbare Fülle plan- und zweckmässig veranstalteter Publikationen diese Erstlingsarbeiten, die freilich die Genauigkeit der Aufnahmen, wie sie jetzt gefordert wird, vermissen lassen, fast hat vergessen machen. Ist es doch ebenso lehrreich, wie genussvoll zu sehen, wie die höchste Zeit moderner Kunst als die einzige andere, die sich mit dem Alterthume vergleichen lässt, die Kunst des letzteren beurtheilte, auffasste und für ihre Zwecke verwerthete.

I.

Sachregister.

A
Achilles II, 10. 40.
Adam und Eva. Kpfst. Dürers I, 1.
Adonis und Venus II, 24.
Akanthusdocke I, 21.
Aktaeons Verwandlung und Tod II, 72.
Alexander am Grabe Achills II, 4.
Altäre des Jupiter und Amor II, 47.
Amor s. Eros.
Anbetung der Hirten II, 69.
Apollo I, 50. II, 19.
Apollo auf Musensarkophag I, 5.
Apollo auf Parnass II, 8.
Apollo aus der Schule von Athen II. 19.
Apollo die Rinder des Admet hütend II, 61.
Apollo in Neapel I, 2. 50.
Apollo in Venedig II, 77.
Apollo von Belvedere I, 1. 14. 15. 49.
Architektur II, 46.
Ariadne im Vatican II. 6.
Athena auf Musensarkophag I, 5.

B
Bacchische Scenen I, 7. 8. 9. II. 21. 22. 28. 30. 29. 48. 57. 58. 59. 67.
Bacchus und Ariadne II, 6. 21. 24. 33.
Bacchus und Tiger I, 38.
Barbaren I, 53.

C
Caecilia, Martyrium der H. II, 3.
Caesar, Büste des I, 17.
Caligula, Büste des I, 18.
Centaur II, 67.
Charion II. 26.
Cleopatra, II, 6. 27.
Cocles, Horatius II, 5.
Constantinsbogen I, 55. 57. II, 2.
Constantinsbogen, Reliefs des I, 11. 45.
Curtius II, 5.

D
Daedalus II, 10.
David II, 1.
Diana von Ephesus II, 49.
Dichter und zwei Musen II, 44.
Dioskuren vom Montecavallo II, 42.
Dornauszieher auf Gemme II, 11.
Dornauszieher der Gall. Giustiniani I, 39.
Dornauszieher des Capitols I, 39. II, 25.

E
Entellus und Dares II, 53. 70.
Eros auf Seetiger II, 79.
Eros, bogenspannender II, 32.
Eros mit Schwert des Mars II, 77.
Eroten mit Keule des Herkules II, 76.

F
Faune und Bacchantinnen tanzend II, 30.
Faun und Tiger I, 37.
Flussgott II, 33. 50.
Fortuna auf Hochzeitssarkophag I. 6.
Frau neben Vase II, 42. 43. 44.
Furien II, 27.

G
Galathea, Triumph der II, 25. 60. 64.
Galliergruppe der Villa Ludovisi I, 35.
Gallier, todte II, 70.
Gefässe I, 22—30.
Grazien, die drei. Relief I, 10. 47.
Grazien, die drei auf Hochzeitssark. I, 6.
Grazien, die drei in Siena I, 10.

H
Hekatebilder II, 26.
Hercules I, 48. II, 20. 39.
Hercules Farnese II, 1.
Herculeshermen I, 16.
Herculesknabe in der Wiege II, 36.
Hercules Stier tragend I, 48.
Hercules und Löwe II, 37.
Hermaphrodit I, 2. II, 38.
Hermen I, 16.
Hochzeitssarkophag I, 6.
Hochzeitsscene I, 48. II, 41.
Horatier und Curiatier, Kampf der II. 53. 70.
Hore des Frühlings I, 6.
Hore des Winters I, 48.

I
Iphigenie in Aulis II, 27.
Iphigenie, Orest und Pylades I, 20.
Jupiter II, 3. 9. 35. 47.

K
Kaiser mit Gefangenen II, 7.
Kaiser, die ersten zwölf röm., Münzen I, 13.
Kandelaberdocke I, 21.
Karyatiden I, 4. 52.
Knabe mit Urne II, 72.
Krieger (im Amazonenkampf) II, 40.

L
Laocoon, Gruppe I. 35.
Laocoon, Miniatur II, 66.
Laurentius, Martyrium des h. II, 2.
Löwenjagd I, 12.
Lycaon, Verwandlung des II, 35.

M
Magistratsperson II. 2.
Mann mit Lorbeerzweig und Mann II, 45.
Marcaurel, Reiterstatue I, 3. 40.
Mars und Rhea Sylvia Sark. II, 6. 50. 78.

Mars und Venus II, 14.
Marsyas II, S. 19. 69.
Mercur II, 1.
Mercurs Entsendung aus Olymp II, 13.
Münzen, der 12 röm. Kaiser I, 13.
Musen II, 45.
Musensarkophag I, 5.

N

Najade, von Mann verfolgt II, 62.
Neptun auf Viergespann II, 13.
Neptun, Thron des I, 46.
Nereïdensarkophag II, 23. 73.
Nil II, 35.
Noah, Opfer des II, 69.
Nymphe bei Pansherme II, 75.
Nymphen mit Vasen II, 42. 43. 44.

O

Olympos, St. I, 36.
Opfer eines Bockes II, 56.
Orest und Pylades vor Iphig. I, 20.
Ornamente I, 31—34. II, 48. 49.
Ostia, Schlacht bei II, 71.

P

Parfümbüchse Franz I. II, 26. 68.
Parisurtheil, Reliefs II, 12. 42. 43. 44. 65. 78.
Parnass II, 18.
Peleushochzeit I, 48.
Polyhymnia II, 45.

Polyphem und Galathea II, 23. 60.
Priapusherme I, 16.
Priapusopfer II, 38.
Psyche, Bad der II, 34.
Psyche, Hochzeit der II, 77.

R

Ritter, Römische II, 5.

S

Säule des Theodosius, Basis der I, 54.
Säulen, die drei des Forum Rom. I, 58.
Satyr, Nymphe tragend II, 67.
Satyr und Bock II, 57.
Satyr und Nymphe II, 59.
Satyr und Ziege II, 48.
Schleifer in Florenz II, 69.
Scipio II, 5.
Scipios Grossmuth II, 52.
Scipio und Hannibal II, 50.
Scipio vor dem Lager der Carthager II, 49. 51.
Silen, Zug des II, 28. 29. 58.
Silvansherme I, 16.
Simson II, 37.
Statuen, männliche I, 51.

T

Theodosius, Basis der Säule des I, 54.
Theseus II, 1.

Thron des Neptun I, 46.
Thron des Saturn I, 46.
Titus II, 5. 7.
Titus, Triumph des II, 7.
Trajanssäule I, 41—44. 55. 56. II, 50—52. 71.
Triton und Nereïde II, 73. 74.
Trophäe mit gefesselten Männern II, 48.

V

Vasen I, 22—30.
Venus Anadyomene II, 17.
Venus auf Delphin und Amor II, 31. 55.
Venus auf Hochzeitssarkophag I, 6.
Venus bei Vulcan II, 10. 32. 63.
Venus die Haare trocknend II, 17.
Venus durch einen Dorn verletzt II, 25. 54.
Venus Fuss abtrocknend I, 15.
Venus kauernd mit Amor II, 18.
Venus sich beschuhend II, 15. 34.
Venus und Adonis II, 24.
Venus und Aeneas II, 14.
Venus und Amor II, 16.
Venus und Mars II, 14.
Vespasian II, 5. 7.
Victoria II, 3. 7.
Vitellius, Büste des I, 19.
Vulcan in der Schmiede II, 10. 32. 63.

II.

Namenverzeichniss

der Künstler und Sammler.

A

Alberti, Cherubini I, 36.
Aldobrandini II, 53.
Altdorfer, Albrecht II, 15. I, 9.
Apelles II, 17.
Audran, Gérard II, 30.

B

Bandinelli, Baccio II, 2.
Barbari, Jacopo di II, 23. 38.
Beatricet, Nicolaus I, 35. 45. 51. 53.
Beham, Hans Sebald II, 15.
Bertano di Mantua, II, 12.
Bibbiena II, 25.
Bonasone, Giulio II, 6. 12.
Bourdaloue II, 13.
Bramante I, 35. 64.
Brescia, Giov. Ant. da I, 35. 48. II, 13.
Brunellesco I, 39.
Bufalo, St. I, 10.

C

Caraglio II, 1.
Carsavaggio, Polydoro da I, 5.
Casale, Marco I, 17.
Celtes, Konrad II, 8.
Cornacchini I, 35.
Cort, C. I, 39.
Coxie, Mich. II, 34.

D

Despeches II, 12.
Dürer, Albrecht I, 1. II, 8. 15.

E

Etrées, Maréchal d' II, 36.

F

Fano, Carlo da I, 10.
Fantuzzi da Trente I, 5.

Farnese I, 2. 7. 12.
F. C. Meister, II, 8. 15. 18.
Fogolino, Marcello I, 3.
Fontainebleau, Schule von II, 12. 30. 53.
Francia, Fr. II, 1. 9. 14.
Franco, Giov. Bat. del I, 11. 21. II, 21. 30.
Fredis, Felix de I, 35.

G

Geremia, Cristoforo di Mantua I, 3.
Ghisi, Diana I, 39.
Ghisi, Giorgio II, 12.
Giacomelli I, 18.
Grimani II, 77.

H

Hopfer, Hier. II, 16.

L

L., Meister II, 15.
Liouardo I, 3.

M

Maccaroni, Marco I, 35.
Maffei, Hieron. I, 35. II, 6.
Matthaei I, 4. II, 78. 79.
Mantegna II, 18.
Medici, Lorenzo II, 19.
Meister mit dem Würfel II, 25. 34. 53.
Meldolla II, 12.
Michelangelo I, 5. 35.
Modena, Nicoletto da I, 1. 3. II, 8. 11. 48.
Montagna, Bened. II, 8.
Montorsoli, Giov. I, 1. 35.
Müller, Gottfried II, 16.

N

Nicoletto da Modena s. Modena.

P

Parmegianino II, 78.
Penni, Lucas II, 12.
Pérac, Stephan du II, 12.
Peretti, abbas II, 16.
Peruzzi, Bald. I, 3. 5. II, 7. 25.
Poelenburg II, 16.
Porcarius, M. Metello Varro I, 12.
P. P., Meister II, 1.
Primaticcio II, 53.

R

Raphael I, 5. 6. 13. 41. 51. II, 3. 4. 6. 8. 12. 13. 15. 16. 18. 19. 22. 23. 25. 26. 27. 30. 32. 45. 53. 60. 64. 65. 68. 69. 71. 76. 77. 78.
Reverdino, Cesare I, 35.
Ripanda, I. de I, 41.
Romano, Giulio II, 24. 29. 36. 37. 50. 52. 67. 69. 70.
Rosso Fiorentino II, 53.
Rubens, P. P. I, 1. II, 12.
Rustici, Bischof von I, 35. 36. 37. 38.

S

Sangallo, Antonio di I, 35.
Sangallo, Francesco di I, 35. 54.
Sangallo, Giuliano di I, 35.
Savelli I, 12.
Serlio, Seb. II, 46.
Sodoma II, 7.

T

Timoteo Viti II, 10.

U

Udine, Giovanni da II, 49.
Udine, Martino da II, 1.

V

Valle, de la II, 12. 37. 77.
Vico, Enea I, 7. 10. II, 26. 30. 67.
Viti, Timoteo II, 10.
Volterra, Daniele da II, 6.

W

Wierx II, 15.